华盗魂

何耀中 ◎ 著

四川人民出版社

图书在版编目（CIP）数据

华蓥魂/何耀中著. 一成都：四川人民出版社，
2023.1
ISBN 978-7-220-12736-6

Ⅰ.①华… Ⅱ.①何… Ⅲ.①第三次国内革命战争－
史料－华蓥 Ⅳ.①K266.06

中国版本图书馆 CIP 数据核字（2022）第 110505 号

HUAYING HUN
华蓥魂

何耀中 著

责任编辑	邓泽玲
封面设计	李其飞
版式设计	戴雨虹
责任印制	李 剑

出版发行	四川人民出版社（成都市锦江区三色路 238 号新华之星 A 座 33、35 层）
网 址	http://www.scpph.com
E-mail	scrmcbs@sina.com
新浪微博	@四川人民出版社
微信公众号	四川人民出版社
发行部业务电话	(028) 86361653 86361656
防盗版举报电话	(028) 86361653
照 排	四川胜翔数码印务设计有限公司
印 刷	成都蜀通印务有限责任公司
成品尺寸	170mm×240mm
印 张	15.25
字 数	200 千
版 次	2023 年 1 月第 1 版
印 次	2023 年 1 月第 1 次印刷
书 号	ISBN 978-7-220-12736-6
定 价	68.00 元

青春之光

血与火的战场，
生与死的较量。
弱壮之年，
青春正放光。
为了革命，为了党，
勇敢上战场。
哪怕掉头颅，
也无怨无怆。
入了党，
站在人民的立场上，
救中国，求解放，
生死哪里顾得上。
人民养育了我，
党把我培养。
推翻万恶的旧社会，
毅然举刀枪。
生命诚可贵，
爱情价无双，
为了新中国，
何惧赴刑场！

奚永尧

前　言

　　笔者写作《华蓥魂》，是想把 1948 年上川东地下党领导的华蓥山起义情况作一个翔实的记述。在这次武装起义斗争中，英勇牺牲的烈士们的事迹深深地感动着我，一个个鲜活的生命在我的脑海里翻腾。作为一名退休的党史工作者，我有责任、有义务把他们的斗争经历记录下来。写完一稿后，我发现这些描述由于起义的地点和战斗历程的不同，造成重复记叙、分割的现象，不能很好地表现出这些烈士为什么会在罗广文残酷镇压华蓥山时，仍然在十分艰苦的环境下坚持战斗，与国民党反动派作殊死的斗争，直到牺牲。烈士们为什么要作拼死的反抗呢？在写第二稿时，我决定跳出地域限制这个圈子，站高一点，即把整个华蓥山区的武装起义纳入我们党在各个历史时期的总任务去写。这样认识，很多问题就迎刃而解了。

　　中共中央南方局是中央设在国民党统治区，统一领导中共地下党组织完成党各个时期历史任务的指挥中心。中共川东临委和上川东地工委正是中共中央南方局领导的四川地下党组织，是在中共中央南方局的统一领导下，为完成党的各个历史阶段的任务而奋斗的坚强核心。要推翻有八百万重兵的蒋介石反动政府，人民革命不付出牺牲是不可能的。正是在党需要在国统区的地下党组织和个人做出牺牲的时候，有的人犹豫了，有的人叛变了，只有坚定执行党的决定的革命者，才会不畏牺牲，勇敢地与国民党军、警、宪、特血战到底！

有人说，你写点游记、写点诗、写点花花草草在网上发一下，博人一笑就可以了，写当年的烈士，有没有必要花这么多精力来写，费这么大周章出书？

我认为，这是我从事地方党史工作以来，第一个质疑我写《华蓥魂》颂扬革命英烈动机的人。我从1984年调到广安县委党史办后，历经二十年，与华蓥山当年的老游击队员、老地下党员接触，又经过在华蓥山区实际走访这些老当事人（当年亲自参加过起义的农民和地下党员），心里升起对这些不惧死，敢于和强大的敌人周旋、斗争的烈士的无限崇敬。我在抢救这些珍贵的历史资料时，头脑里一直萦绕着一个问题，那就是怎样才能正确理解烈士们从容赴死的思想动力。

以前，市（地）、各县党史研究室都整理出版过这类史料，但都是分割的，重复的，无法从华蓥山起义的整体意义上去理解，只是从执行中共川东临委和中共上川东地工委的命令上去理解，所以觉得起义时机不成熟，是领导个人偏执。

从大局看，全国的斗争形势需要各个国统区的人民起来反抗国民党的反动统治，并在全国形成一股力量。这是大势所趋，不是讨论的问题。

还有人说，《华蓥魂》前情背景材料太长，用不着写那么多，直接描写起义和战斗场面就可以了。我认为这样站在局部看问题是错误的。前面是写中共中央南方局在周恩来同志的领导和关怀下，中共在国统区，尤其是在国民党陪都——重庆生存斗争的点滴，是为了更好地说明是在中共中央南方局的领导下，中共川东临委和中共上川东地工委适时根据中央和中共中央南方局的部署进行斗争方向的调整，才有了华蓥山起义的悲壮篇章。

文章以史实叙述为主体，所以文字平铺直叙，较少描绘各个战场的战斗细节。本书重点在于突出中共中央南方局对华蓥山武装起义的领导和发动，因而也是对这场斗争采取主干叙述，而淡化细节描述的原因。好比爬峨眉山，爬到金顶能看山，在万佛顶也能看山，但看到的山是不一样的。站在金顶看到的山，群山环抱，山外有山；在万佛顶看山，一览众山，雪山低头岷山小。从这点看，我认为站在中共中央南方局的高度去看华蓥山这场武装起义，更能说明问题的本质。

何耀中

2021 年 8 月

目　录

重庆谈判，中共中央南方局防蒋

抗日战争结束后，国民党不顾民族、国家利益，发动全面内战。为扰乱敌人后方，牵制反动兵力，配合人民解放军战略反攻，中共中央发出"国民党统治区内的党组织，创造条件，发动武装斗争"的指示。1948年8—9月，党的地下武装先后在华蓥山周边地区发动了华蓥山武装起义。

武装起义的枪声震惊了国民党政府，近10万反动军队进入华蓥山区围剿起义队伍。面对国民党的围追堵截和残酷镇压，起义勇士们在华蓥山区、嘉陵江、渠江两岸与敌人浴血奋战。至1949年7月，400余名党的优秀干部和无数革命群众献出了宝贵生命，领导起义的骨干党员被关押，之后牺牲在重庆渣滓洞和白公馆。

华蓥山起义牵制了负隅顽抗的国民党军，配合了人民解放军的战略反攻。英烈们用鲜血和生命谱写了一曲光辉的华蓥山壮歌，为了新中国，英雄和先烈们不怕流尽最后一滴血！

　　1945 年 8 月，日本投降后，抗日战争胜利结束。以蒋介石为首的国民党开始抢夺抗战的胜利果实，企图实行一党专政。中国共产党主张成立联合政府。在中共第七次代表大会上，毛泽东主席作了《论联合政府》的主题报告，得到全国人民和各民主党派的拥护。蒋介石为了敷衍中国共产党和各民主党派的呼声，假意三次电邀毛泽东到重庆谈判。

　　从 1945 年 8 月 28 日毛泽东飞抵重庆与蒋介石进行"和平谈判"那一刻起，一场实与虚、真与假、诚与诈的较量开始了。

　　中共中央主席毛泽东带着和平建国的真诚与愿望来到重庆，与一心要独裁的蒋介石谈两党合作，成立联合政府、联合军委治理国家。要承认中共的合法地位，实行民主政治，等于是要国民党独裁政府的命。所以，这场不存在"基础"的"和平谈判"注定在某一天，会成为一场空谈。

　　毛主席抵达重庆九龙坡机场后，发表了简短的讲话："目前最迫切者，为保证国内和平，实施民主政治，巩固国内团结，……以期实现全国之统一，建设独立、自主与富强的新中国。希望中国一切抗日政党及爱国人士团结起来，为实现上述任务而共同奋斗。"而对蒋介石独裁政府来说，"和谈"只是一幌子。抗日战争胜利后，国民党的八百万大军已经退缩到大后方，他需要时间把军队运到华北、华东、东北等地区的大城市，抢占和接收曾被日本占领的大中城市。一方面做出"和谈"的姿态，获取美帝的武器和运输设备；一方面获取美帝的资金支持和消灭中国共产党的策略。一旦准备完毕，蒋介石就会撕开假面具，露出狰狞的面孔。

　　其实，中共中央早就看穿了蒋介石的阴谋，已经作了应变的准备。早在 1938 年 2 月，武汉失守前夕，党组织派周怡到重庆筹备八路军办事处，先在城内机房街租了一幢房子作为办事处的办公地址。长江局撤销后，1939 年初，新成立的中共中央南方局也掩护在八路军办事处办公。八路军办事处是国共合作抗日的产物，是公开的办事机构。中共中央南方局虽是八路军办事处的领导机构，但却是秘密的机构。1939年5月，日本飞机两次大轰炸重庆后，才租用饶国模在化龙桥附近的"大有农场"，在那里盖了一座土墙结构的二楼一底的大楼，八路军办事处和中共中央南方局才搬到这里办公。中共中央南方局书记是周恩来，下设有组织部、宣传部、纪委和机要秘书。党的中央机关驻在延安，统管全局。中共中央南方局负责国统区的整个工作。凡地下党负责干部、延安来的干部，或纪委联系的在国民党机关内任职的特殊党员，均须经过组织部，一是为了党的安全，二是便于在必要时进行调配安排。1939年，国民党发动第一次反共高潮后，有的地下党员在一个地方工作过久，怕暴露，有的因当地地下党出了事故，需要转移等原因，由组织安排，有计划地撤退到中共中央南方局、八路军办事处和新华日报工作等等。对国民党的所作所为，共产党是最了解的。尤其是在国民党统治区工作，更要做好各种准备。于江震和荣高棠做中共中央南方局组织部负责人时，更为高级领导人做了全方位的准备。他们总结了大革命失败后，很多中共党员血的教训，在国民党发动第二次反共高潮前夕，中共中央南方局负责军事工作的叶剑英，亲自部署了地下撤退站。叶剑英把从川东特委调到中共中央南方局的林蒙叫去，拿出重庆以东的军用地图，指示他以邻水丰禾场的家庭为第一站，并规定撤退路线不能走大路，从江北县的王家场、观音寺的山间小路到丰禾场，再从山路往东北方向为第二站、第三站……

一、从重庆市地下党员中调一个会划小船的船工，并买一条小船交林蒙管理。小船只能停在红岩村前嘉陵江渡口，以备遇到突然事件时，中共中央南方局首长即可就近上船过江。

二、中共中央南方局从川东特委指调一名邻水籍农民党员到重庆，专做向导工作。他以卖鸡蛋小商贩身份为掩护，往返重庆到邻水丰禾场间，走上述山间小路，以便熟悉沿途环境和社会情况。

三、为取得林蒙家庭的掩护，遵照叶剑英的指示，1941年1月，林蒙同其爱人胡明一道，以探亲为名回到丰禾场，向当家的二哥甘固人说明，今后有一个叫刘荣章的带了客人来，要好好接待，保证隐蔽安全；客人走时，协助安全送走。

另外，周恩来还通过何鲁写信，介绍周建南、张兴富、邓毅、李斌之、江济业、刘为瑞和另外4位党员以协助郑启和企业的技术员身份前往华鉴山。实际是做反蒋民主人士郑启和的工作，一旦重庆有事，中共中央南方局的领导可暂时撤到那里，以防不测。后来，1941年夏，蒋介石竟派邓锡侯的新九师，将郑启和杀害。周建南、张兴富和另外4位同志只好回到中共中央南方局复命。

毛泽东主席亲到重庆谈判，是身入虎穴，周恩来更为主席的安全担心。他原想让毛主席住红岩村，后来感到那里不仅较偏，路不好走，上下坡太多，周围特务又多。想到住曾家岩50号，也不太理想。后来还是周恩来提出住上清寺张治中的官邸——桂园，较为合适，张治中将军慨然应允。安全问题，张治中和周恩来商量，决定派宪兵来担任警卫，问题才算解决了。

签署和平协议，国民党暗潮涌动

大家都知道，蒋介石反共态度坚决，绝非诚心诚意追求民主和平。加上重庆情况复杂，社会秩序混乱，毛主席来重庆谈判，中共中央南方局首先考虑的就是工作与安全。尽管是住在国民党中将张治中的官邸，但对外是保密的，说毛主席以"红岩"作为起居、工作、活动中心，每天上午由"红岩"来，下午3时会客，晚上回"红岩"。

红岩村，原名红岩嘴，因红色页岩延伸到江边而得名，坐落在离重庆市中心五公里的嘉陵江南岸。1939年5月，中共中央南方局租用饶国模大妈的"大有农场"修建起三层楼的土墙房屋。中共中央南方局机关和八路军驻重庆办事处就设在这里。中共中央南方局的领导周恩来、董必武、王若飞、叶剑英、邓颖超等战斗、生活在这里，领导着四川、贵州、云南、广西等国民党统治区的地下组织和港澳地区的革命斗争。

当时重庆是国民党反动政府的陪都，中共中央南方局工作的地点红岩村、曾家岩四周，都在国民党特务的严密包围之中。八路军办事处，成为特务监视的中心。在通往办事处的沿途，布满特务、岗哨。在这样的环境里，毛主席深入虎穴，除了中共中央和中共中央南方局，一些民主党派人士也为毛主席来重庆谈判的安全捏了一把汗。周恩来为毛泽东来重庆和蒋介石谈判的安全做了精心布置，确保毛主席在重庆万无一失。

8月29日和9月3日，毛泽东、蒋介石面对面交锋，双方代表周恩来、张治中、王世杰等都在场，谈判一开始就针锋相对，各不相让，形成对抗态势。中共正式提出和谈方案——《谈话要点》，内分十一项，核心是：党派平等合作，结束党治，实行民主，承认解放区及抗日军队（中共军队整编为十六个军四十八个师），双方军队停止冲突，召开全国政治协商会议，改组政府和军委，释放政治犯等。

9月4日，蒋介石把亲拟的《对中共谈判要点》交给张治中等，作为对中共前一天所提方案的答复。态度极端傲慢，一开头就说中共代表三日所提之方案，实无一驳之价值……然后逐条规定：一、中共军队只能整编为八至十个师，最高不得超过十二师之数。二、抗战已胜利，解放区自无继续存在之必要，如中共真能拥护政令军令的统一，则从中央至地方均系有中共优秀人士参加。国民大会即将召开，中共如愿参加，可增选代表。对中共所提其余各点，一概否定不予答复。

双方距离之远，分歧之深，实难有获签协议之可能。明眼人一看，就知道蒋介石并无"和谈"的诚意。另一方面，蒋介石趁谈判之机，调动精锐部队，向解放区发动进攻。在上党战役，蒋介石部队吃了败仗，外间很多人为毛主席担心：蒋介石会不会来个"西安事变"，对中共进行报复？国民党特务会不会暗杀毛泽东？有人在桂园会客厅给毛主席递纸条"三十六计，走为上计"等等。毛泽东不为所动，坚持和谈43天，最后，除双方代表把棘手的军队整编数字和解放区问题留待政协和军事三人小组解决外，其余各条款终于达成协议。这些天，看似平静，其实早已暗潮涌动。蒋介石的军事部署已经成形，发动内战是早晚的事。周恩来也特别担心主席的安危。他向张治中将军提出了让主席返回延安的日程安排。张治中将军将行程安排在辛亥革命纪念日后。谈判双方在 10 月 10 日签字，所以称之为"双十协定"。就在周恩来为毛主席返回延安作准备时，突然发生何香凝的女婿、十八集团军驻渝办事处秘书李少石被杀事件，危险因素不断增加。毛主席的警卫只有龙飞虎等三人。在重庆，毛主席又不断出席各种社会活动，万一毛主席坐的车也遇到意外事件，怎么得了！张治中、周恩来、警卫无不紧张焦急，提心吊胆……

1945 年 10 月 10 日，是辛亥革命三十四周年纪念日，就在这天下午，国共双方在桂园签订了"双十协定"（即《政府与中共代表会谈纪要》）。毛主席出席签字仪式。国民党代表张群因事外出，以后补签，未邀新闻记者参加。

是日，重庆各报同时发表《双十协定》全文。第二天凌晨，张治中、周恩来陪同毛泽东主席从重庆九龙坡机场起飞，返回延安……

3

中共四川省委、新华日报社被围，
全面内战爆发

《新华日报》于 1938 年 1 月 11 日创刊于武汉，是国共合作抗日后，共产党在国民党统治区创办的第一家新闻报纸。

1937 年 7 月 7 日，日本侵略军向北平郊区的卢沟桥发动进攻，我国守军奋起抵抗。7 月 8 日，中共中央发布《中国共产党为日军进攻卢沟桥通电》，号召全国同胞和军队团结起来，筑成中华民族统一战线的坚固长城，抵抗日本帝国主义的侵略。8 月 13 日，日本侵略军大举进攻上海，扬言三个月灭亡中国，上海军民奋起抗战，全国掀起抗日救亡的高潮……

1938 年 10 月 25 日，新华日报社又从武汉撤到重庆。这之前，国统区一直是国民党"中央通讯社"垄断着整个新闻来源。对人民大众的抗日救亡活动和为争取民族生存的其他军队的抗战鲜有报道。《新华日报》创刊时，在发刊词中宣示："本报愿在争取民族生存独立的伟大战斗中作一个鼓动前进的号角，为完成这个神圣使命，本报愿为前线将士在浴血苦斗中，一切可歌可泣的伟大事迹之忠实的报道者……"《新华日报》迁重庆后，在周恩来和中共中央南方局的直接领导下工作。

1938年12月，国民党副总裁汪精卫叛国投敌。重庆的二十多家报纸，对汪精卫的叛国行为表示"诧异"或"惋惜"，有的报纸甚至公然为汪精卫辩护。《新华日报》于1939年1月2日，率先发表旗帜鲜明的社论《汪精卫叛国》，揭露汪精卫叛国的实质。从此，《新华日报》成为敢于直言的一面旗帜，但却因此受到国民党反动派的憎恨，一直遭受其监视和打压。

国民党对《新华日报》的出现十分害怕，千方百计地进行封杀，用尽了各种卑劣的手段。还通过"同业公会"阻止《新华日报》的发行，一旦被他们发现谁贩卖《新华日报》，轻则开除"会籍"，断绝其生活出路，重则被打骂、关押、没收、撕毁《新华日报》，还通过邮检扣留《新华日报》，以达到控制舆论的目的。

为争取和平民主，让人民感知真实的中国形势，中共中央决定成立重庆新华通讯社，以便提供延安及前线的真实消息，但重庆新华社一直没得到国民党新闻局的批准，电台工作人员一直处于地下状况，中共中央南方局组织部长于江震只好将新华通讯社的人员归并到化龙桥新华日报编辑部去工作，保留新华社的名义。每天由武英、孟心田、陶潜、彭清瑜、李枝、孟微、于志恒、鲁澳等抄收延安新华总社发的电讯供新华日报用。同时编成简要新闻印发重庆各报，有些进步报纸如《民主报》则直接用。如《新民报》有时改写成本报上海专电加以发表。

1945年，贺国光从成都调到重庆，对《新华日报》揭穿国民党报纸的虚假报道和还原真实面貌恨之入骨。贺国光有一天约潘梓年到他办公室去谈话，要他同意国民党的新闻检查局在新华日报社的大门口设一办事处，报纸的校样，从初校到清样都要就地检查。国民党想用无人能忍受的检查方法，在世界新闻史上创造一个新纪录。潘梓年义正词严地驳斥说："世界各国都没有新闻检查的先例，只有殖民地才有这样不体面的事发生。"一句话把贺国光凶狠的来势挡了回去。国民党以后又从印刷纸上卡《新华日报》。没有纸，怎么办报呢？潘梓年向中共中央南方局书记周恩来作了汇报。

要解决《新华日报》印刷纸的问题，中共中央南方局派出共产党员苏芸前往华鍪山阳和乡简子沟开办纸厂，生产一种土抗水纸（油墨不浸的）。利用原旧的滔纸作坊，招聘当地农民为工人，中共中央南方局派出技术人员指导生产，生产出来后交由代市纸业公会共产党员丰炜光等运往重庆，供应《新华日报》。纸张解决了，当年《新华日报》发行量达到6万份，人民群众争相购买《新华日报》。

1946年7月至1947年2月，蒋军夺下了解放区的105座城市，守城兵力大增，而人民解放军平均每月歼灭国民党军8个旅，共歼敌71万人的胜利，迫使国民党军的全面进攻放缓。新华社将鲁南大捷消灭国民党军5万人，生俘国民党进攻山东莱芜的北线指挥官、徐州绥靖区司令李仙洲的消息写成上海专电在《新华日报》发表，极大地鼓舞了国统区人民革命的信心。从1947年1月20日起，新华社陆续将延安广播电台公布的在解放区战场上放下武器、脱离内战的国民党军将、校、尉三级军官的姓名、部队、职务、简历以及放下武器后的生活等情况，每天在《新华日报》上刊登出来。1月25日，第一次介绍了国民党65师187旅中将旅长梁彩林、65师187旅少将旅长麦霞冲及校官凌育旺等10人。26日、27日继续介绍，当日《新华日报》还发表社论《告慰被俘军官家属》，揭露国民党的内战政策，指出在14年抗日战争中蒋军官兵都曾流血出力，在抗战结束之后应该获得机会休养了，可是国民党当局又把他们调到前线进行内战，致使被人民解放军俘虏。同时宣传了中共的俘虏政策，只要放下武器便是朋友。还列举孟县战役中被俘的旅长王仰云的话："过去因消息封锁，对中共一切不了解，早知如此，一切被排挤的西北军军官都要过来的。"2月9日，介绍了被俘的国民党整编三师中将师长赵锡国、少将师长谭乃达（四川梁山人）二人，另有校官8名。2月10日，介绍整编68师119旅少将旅长刘广信及校官共11名，2月11日介绍41师104旅少将旅长杨显明（四川邛崃人）。《新华日报》的真实报道，很受广大人民群众的欢迎，国民党军政头目倍感头痛。蒋介石自恃有八百万军队，并且都是美式装备，欲向解放区发动更大规模的进攻。《新华日报》的宣传，刊登这些军官的名单，对揭露国民党的反动政策，争取民心，动摇其军心意义重大。蒋介石看了《新华日报》上的消息，震怒不已，下令查封《新华日报》。

1947年2月28日晚，国民党宪兵突然包围了曾家岩50号的中共四川省委机关和化龙桥的新华日报社。国民党宪警冲进屋内，搜查各个房间，除了吴玉章的卧室外，把省委机关的工作人员全部集中在楼下一个屋子里。吴老（吴玉章）是公开的中共四川省委书记。他不仅是中共中央委员，也曾是同孙中山先生一道出生入死搞革命、推翻清朝末代皇帝、建立民国的老同盟会员和老国民党员，国共合作时是国民党第二次全国代表大会的秘书长，所以国民党高层中的很多人对吴老是尊敬的。

1946年3月，蒋介石政府还都南京，政府机构纷纷从重庆迁回南京。中共八路军重庆办事处也迁往南京，中共中央南方局部分机构和人员不得不跟随迁移。中共中央南方局书记周恩来离开重庆前，于1946年4月，在重庆成立了公开的中共四川省委，代替中共中央南方局领导国统区的中共地下组织。同年6月26日，蒋介石公开撕毁了重庆谈判的《双十协定》和后续签订的《停战协定》，凭借手中的430万军队，控制着3亿以上的人口和地区，占据着全国的大城市和全国的交通干线，还接收了100万侵华日军的军事装备，同时获得了美国政府军事和财政上的巨大援助。而人民解放军只有120万军队，解放区人口仅有1亿多，且处于被分割状态，既无外援，又无装备的优势。蒋介石的军方官员扬言只要三至六个月，就可打败并消灭中共正规军。国民党军猖狂到了极点。胡宗南统领的西北军共有 60 余万人（其正规军 23 万人），直逼中共中央所在地延安。大有"黑云压城城欲摧"之势。

在国民党军疯狂的进攻面前，中共中央决定将主力打到外线去，在外线大量歼灭国民党军有生力量。1947 年 6 月 30 日，刘伯承、邓小平率领晋冀鲁豫野战军主力，在鲁西南强渡黄河，揭开了战略反攻的序幕。8 月 22 日，陈赓、谢富治率领的晋冀鲁豫太岳兵团也在晋南强渡黄河，挺进豫西。9 月 7 日，陈毅、粟裕率领的华东野战军主力挺进陇海路。三路大军纵横驰骋于江淮、黄河、汉江之间，歼灭调动吸引了大量的敌军。晋察冀解放军，在朱德总司令的亲自指挥下，10 月取得清风店战役的胜利。至此，解放战争进入了一个新的转折点。10 月 10 日，中国人民解放军总部发布宣言，提出"打倒蒋介石，解放全中国"的伟大号召……

4

公开的中共四川省委撤离，
地下党重新清理组织

　　1946 年 4 月，以周恩来为首的中共中央代表团离开重庆去南京前夕，在重庆成立了以吴玉章任书记的中共四川省委，接替中共中央南方局的工作。同时，在重庆建立了秘密的中共重庆市委，由王璞任书记。中共重庆市委既管城市的工运、学运、兵运，也管农村党的工作。

　　中共四川省委根据中共中央的指示，为了粉碎蒋介石的进攻，党组织必须和人民群众亲密合作，争取一切可能争取的人，建立最广泛的革命统一战线，英勇地抗击蒋介石的军事进攻。中共四川省委结合本省的实际情况，研究决定了四川和西南武装斗争的计划，华蓥山等地是安排的几个武装斗争据点之一，准备在条件成熟时发动武装起义。

　　中共重庆市委是在中共四川省委的直接领导下的工作机构。1946 年 11 月初，中央批准了中共四川省委书记吴玉章提交的《西南武装斗争总计划》，并指示：原则上同意武装斗争总计划，目前立即将工作中心转移到农村，组织工农发动游击战，牵制一部分蒋军，以利于我军反攻，仍须留少数干部坚持城市斗争。当前，主要是大量培养干部，送往农村扩大游击战……中共重庆市委书记王璞，一方面把从重庆的工运、学运干部中抽调的精干人员和一部分已在重庆暴露了的党员干部送到广安、岳池、武胜、大竹、渠县、邻水等华蓥山周边县的农村，发动群众抗丁、抗粮、抗税斗争；另一方面加紧发展党员和党的组织，为武装斗争准备干部。

1947年2月下旬，国民党逼迫中共四川省委和《新华日报》撤离重庆前夕，周恩来从南京托人电告吴玉章说，目前形势紧张，要迅速作好应急准备。得此信息后，吴玉章立即召开了省委委员和《新华日报》负责人会议，研究了如何防止国民党搞突然袭击和四川武装斗争的问题。省委副书记张友渔在重庆曾家岩周公馆，对如何搞武装斗争进行了具体部署。2月28日，国民党重庆宪兵部队突然包围了曾家岩50号和新华日报社，隔断了中共四川省委和地下党组织的联系。

地方党组织与中央是实行纵向垂直领导，中共四川省委和新华日报社被逼撤离后，重庆地下党组织和上级党组织便失去了联系。在国民党统治区，为了保证组织安全，上下级之间都实行单线联系，一旦哪里出了问题，上级的上级马上将中间联系人（一般是中心县委）调离，阻断关系后，上级和下级便能安全转移。因为没有发生横向关系，敌人就无法找到更多党员和组织。这就是纵向平行领导，是周恩来在长期的对敌斗争中总结出来的领导方法。

中共川东临时工作委员会成立前，中共北碚中心县委是受中共中央南方局领导，于江震撤离重庆时，将组织关系交给了中共四川省委领导。中共四川省委撤离重庆后，北碚中心县委也失去了组织关系，原北碚纺织生产合作社支部书记马中建，多次找到左绍英寻找组织关系，左绍英当时是中共重庆市委书记王璞的交通员。左绍英按照王璞的指示，安慰马中建说："我也失去了组织关系，我们边工作边等待，上级一定不会忘了我们的。"也正因这样保密，左绍英和王璞在重庆百子巷150号的市委机关和后来的中共川东临委机关，隐蔽了七年之久，没有暴露。

邓惠中是岳池县早期的中共党员，在"皖南事变"后失去组织关系。1945年夏，中共中央南方局于江震派南充中心县委书记朱光壁到岳池清理组织关系，审查了邓惠中的党籍和表现，恢复了她的组织关系。中共中央南方局撤离重庆后，朱光壁调离，直到中共川东临工委建立后，她的关系才转到中共川东临委。

广安的杨玉枢在乐群垦社时，受嘉定中心县委书记高云汉（侯太阶）领导，垦社风波后，正值国民党发动"皖南事变"，党的组织作了调整，杨玉枢失去了组织关系后回到广安，与广安原来的党员聂士毅、张正宣、丰炜光等组成了"自动学习小组"。1945年，中共中央南方局于江震派在重庆纺织合作社搞工运的谈剑啸来广安清理党组织，审查了杨玉枢等人的工作和党籍后，才决定恢复杨玉枢等人的组织关系，杨玉枢等人回到党组织的怀抱后，建立了广安城厢特别支部。杨玉枢根据党的宗旨，研究与当地国民党的斗争策略和地方事务，并打入广安袍哥组织，做了广安袍哥的红旗大管事，成为袍哥组织的实权人物，内外一切具体事务均由他安排，给党的活动带来了意想不到的便利。

杨玉枢向总社的头面人物谌克纯、李君实建议，每月召开一次社务会，研究地方上的重大事宜，借以收集国民党的动态。他还利用各堂口提供的资金，以总社的名义，成立了"协和字号"，自任经理，向县政府投标收税。县政府见袍哥的势力很大，只好让他三分。因而全城商人的税款交给"协和字号"。"协和字号"将投标款上交外，其余资金兴办旅馆、茶馆等社会服务项目。

1947 年夏，王璞到广安与雷晓辉也接上了关系。雷晓辉[①]是 1925 年入党的老党员，曾出席过党的五大，与党失去联系前在上海有很广泛的联系，与党组织失去联系后，回到广安，精神上十分痛苦，中共川东临委正式成立前，王璞亲自与她接上了组织关系。雷晓辉十分激动，表示要好好为党工作。岳池的邓惠中，是经蔡衣渠介绍，1938 年入党的老党员。1941 年国民党发动"皖南事变"后，因岳池党组织的领导调整而失去联系，但在宣传抗日救亡活动中，她还演出抗日剧《流亡三部曲》《护士和伤兵》等节目，非常积极。抗日战争胜利后，南充中心县委书记朱光璧前来清理组织，在她娘家与其见面，审查了她的工作，恢复了她的组织关系，她激动得热泪盈眶，紧紧地握住老朱的手，急切地询问上级的指示。老朱告诉她，当前的任务是清理和恢复被破坏的组织。邓惠中汇报了一些党员的情况，介绍得十分准确、清楚，使清理和恢复党组织的工作进行得十分顺利。后来在华蓥山起义中，这些同志成了骨干力量。

---

① 雷晓晖，女，曾用名雷兴政、雷志烈。1905 年 1 月出生于安岳县城桂花巷。家庭殷实，13 岁时就读于县立女子蚕桑传习所。1922 年 6 月，雷晓晖考入成都省立第一女师读书，时年仅 17 岁。在参加"争取教育经费"独立的学生罢课游行活动中，与李硕勋、阳翰笙等学联总会的领导接触，从此便积极投身于学生运动中，不久被学校开除。随后，雷晓晖转到重庆省立女师读书，受到肖楚女的教育和影响，继续在重庆参加反帝、反封建、反侵略的学生运动。

1925 年 5 月，经李硕勋电邀，雷晓晖到上海报考中国共产培育干部的上海大学。8 月，被上海大学录取为特别生，直接插入二年级，与李硕勋、阳翰笙同班学习。10 月，经李硕勋、阳翰笙介绍加入中国共产主义青年团，12 月转为中共正式党员。

1926 年 1 月，雷晓晖回到重庆，中共四川省地方委员会书记杨闇公安排其任国民党省党部妇女部长，她积极发动妇女，组建了"重庆各界妇女联合会"。8 月，雷晓晖被选为全国妇女代表大会代表。万县惨案后，她参加了"雪耻执委会"，因工作繁忙，未能出席在广州召开的国民党中央妇女部全国代表大会。1927 年 1 月，雷晓晖到武汉，与挚友李硕勋、赵君陶并肩战斗，任汉口市妇女协会宣传部部长，大力开展妇女反帝、反封建、反军阀运动。1927 年初，雷晓晖和聂荣臻被湖北选区选为中共党的第五大代表。4 月 27 日至 5 月 9 日，她出席了武汉党的第五次代表大会。

　　1941年"皖南事变"后，国民党加紧了对国统区中共党组织的破坏，梁山的环境越来越恶化。这年7月，中共川东特委决定让蒋可然转移，离开大竹中心县委，担任中共北碚中心县委书记。中共北碚中心县委辖北碚、合川、邻水、铜梁、大足、岳池等县，他与妻子刘文涛到任后，常奔走于工厂、农村，工作十分繁忙。后来又到文星场中心小学以教书为掩护，进行党的工作。1944年，蒋可然住在北碚东阳镇，公开身份是北碚东阳小学校长，妻子刘文涛在这所小学当教员。那时北碚的"红旗特务"妄图诱捕共产党员。东阳小学教导主任顾三田就是国民党安插的特务，怀疑蒋可然是共产党，故意经常接近他。蒋可然随机应变，想摆脱特务的纠缠，但又认为，如果长此下去，势必终要被敌人发现。于是，他主动切断与上级和下级的联系，保证了党组织和党员的安全。

　　一次，蒋可然去北碚嘉陵江边趸船上接一位朋友，恰好遇到特务顾三田和另一个十分熟悉的人（此人是叛徒）正在码头上交头接耳，样子很神秘，他们见了蒋可然主动打招呼。蒋可然知道他们心中有鬼，假装没听见，没有理睬。当天晚上，蒋可然在顾三田寝室隔壁的公用厨房刷牙，听到隔壁屋子里顾三田与另一个人的谈话："嘿嘿，一个大头头就在我们眼前。不要惊动他，只要一年时间，保证就可以一网打尽……"从此，蒋可然夫妻吃饭、散步、睡觉都受到特务的监视。为了避免组织的损失，蒋可然停止了一切活动，独自应付敌人的跟踪和监视，镇定自若地与特务们周旋。直到1947年10月，中共川东临委成立后，王璞清理组织，通知蒋可然谈话，他才与领导接上关系，接受组织的安排，回到武胜三溪乡隐蔽。

5

育才建校，周恩来关怀

正当中国抗日战争最艰难的 1939 年 4 月，教育家陶行知先生从香港回到重庆，随即与生活教育社的中共党员王洞若、帅昌书、白桃、陆维特、魏东明、孙铭勋等同志商定，立即着手筹办育才学校。要办学，首先得有校址。四川人帅昌书提议，经陶行知、王洞若等人亲自察看，选定了离重庆市区不远的合川草街乡凤凰山上的一个大庙（古圣寺）为校址。

陶行知先生教育救国的思想受到中国共产党的高度重视，育才学校的创建，立即受到中共中央南方局书记周恩来的关怀。周恩来十分赞赏陶先生的办学主张，建议陶先生在教师人选上，首先聘用不受国民党重视的专家、学者。陶行知先生按周恩来同志的意见，聘请了著名诗人艾青任文学组主任；音乐家贺绿汀担任音乐组主任，由有名的常学镛（任虹）、姜瑞芝任音乐教师；戏剧家章泯担任戏剧组主任，张水华、舒强、舒菲、江凤任戏剧组教师；著名版画家陈烟桥担任绘画组主任，张望任绘画教师；化学家留德博士孙锡洪担任自然组主任，生化专家陶宏任自然组教师；教育家孙铭勋任社会组主任。学生的来源由帅昌书、陆维特、常学镛、江凤、孙铭勋等组成学生选择组，分赴四川和湖北两省，从儿童保育院、难民收容所选拔了100名青少年儿童入学。同时还有由八路军驻渝办事处和周恩来同志托人送来的一批烈士子女。

1939年7月22日，育才学校正式在古圣寺成立并开学，陶行知出任校长，马侣贤任副校长，中共党员帅昌书任生活指导部主任。中共中央南方局根据周恩来同志的指示，党组织在学校分两部分活动：一部分由中共中央南方局直接联系的党员组成支部，由校领导成员王洞若任支部书记。党的工作范围主要在中年以上的专家、学者中活动。中心任务是贯彻中央团结抗日的方针，协助陶先生做好学校的领导工作。另一部分是经北碚中心县委派去的林琼同志（音乐组教师）联系的党员组成支部，由林琼任支部书记，在青年教师和学生中开展党的工作。学校党组织团结全校的师生员工，同生活，同学习，共甘苦，共患难，艰苦创业，工作很有成效。

1940年夏，育才学校建校一周年时，周恩来同志及时指示：支部在学校，首先是做好团结工作，一定要帮助陶先生把育才学校办好……

这年秋天，国民党密谋第二次反共高潮时，中国共产党为了帮助育才师生认清国内形势，做好应变准备，周恩来于9月23日和邓颖超、徐冰、张晓梅等同志专程到北碚陶的住宅访问了陶行知先生，听了育才学校的情况汇报后，周恩来当即指出，育才学校的前途是和国家民族的前途联系在一起的。因此，要提高警惕，采取措施，有备无患。他建议秘密准备一条大船，一旦形势变了，师生可乘船到嘉陵江上游的广元，再由八路军办事处帮助转入解放区……陶行知先生十分感动，欣然照办。

9月24日，陶行知陪着周恩来等同志跋山涉水来到合川草街乡的古圣寺，与育才学校的全体师生见面。第二天，学校举行了热情洋溢的欢迎会，周恩来以"一代胜似一代"为题，作了鼓舞人心的形势报告。在报告中，从无产阶级革命家为寻求救国救民的真理不怕牺牲、艰苦奋斗的精神，讲到当前团结抗日的斗争形势，到会的老师和同学深受鼓舞。周恩来语重心长地说：今天的你们这一代太幸福了，学校里有这么多好老师，图书馆里有大量的进步书刊，希望同学们努力学习，为真理而斗争，为新中国的远大前途而斗争。

会后，周恩来在校长室又对全体教师专门作了抗战形势的讲话，他要求全校师生都要认清当前的主要任务，狠狠打击国民党反共投降的阴谋活动，采取多种斗争形式，走出学校，面向社会，到群众中去，把掌握在大家手里的音乐演奏、绘画展览、戏剧演出等有力武器，都运用起来，开展宣传……在校期间，周恩来还给不少同学题字、签名留念，极大地鼓舞了同学们的革命意志。离校前，又专门与学校党组织的负责人廖意林等同志仔细研究了形势变化后党员的转移计划。

周恩来同志"育才"之行，为陶行知先生办好育才学校增添了精神支柱，对全校师生员工是又一次的思想动员，进一步增进了团结办学的力量。周恩来等人离校10天后，陶行知自重庆给副校长马侣贤来信说周恩来和邓颖超同志来看望之后，觉得孩子们健康欠佳，特捐助四百元为同学们购置运动器具之用。

1941年初，"皖南事变"后，国民党政府对育才学校横加迫害，政治上陷害，经济上封锁，使学校面临断炊之境。周恩来同志指示中共中央南方局多次汇款解危。1943年春，周恩来同志托徐冰给育才学校送来了延安军民开荒、大力开展生产自救的照片一套，同时送了一件延安织制的毛线衣给陶行知先生，意思是启迪育才师生也要走生产自救之路，去克服经济上的困难。学校师生遵循周恩来同志的启示，闻风而动，由党组织负责人廖意林带头，带领同学们背着行李，带上工具，到澄江镇光铁坡安营扎寨，开荒种地。大家在劳动中不怕苦，在生产自救的大道上搞得热火朝天。很快就开荒 30 亩，办起了育才学校的第一个农场。

周恩来同志对育才学校的创立和成长，做到了尽心尽力的支持与帮助。陶行知深深地感到：中国共产党是他能创办育才学校的最大支柱，周恩来同志是他实现办学救国主张的良师益友，也使育才学校的老师在白色恐怖中坚定了意志。

育才的老师大多是共产党员，孙铭勋、徐行健、张再为、沈镒等十几位党员老师，在上级党组织的领导下顽强地坚持着，不但把育才学校以及数十个无家可归的孩子保存下来，而且还有所发展。育才学校从 1939 年诞生的那天起，就一直在中国共产党的关心支持下生存。在重庆的民主运动中，育才师生一直起着先锋模范作用。大竹的陈尧楷、徐相应、徐永培，广安的陈忠瑛、向杰栋，以及王少全、陈子侠等，在华蓥山武装起义中，表现得特别英勇，成为真正的铁血英雄。

1946 年夏，陶行知因身体原因在上海住医院，同行的中共党员孙铭勋前去探望。陶行知先生非常高兴，他知道自己将不久于人世，他对孙铭勋说了一番肺腑之言："我一生为教育事业而奋斗，我相信育才之路是正确的。正如周恩来所说，育才学生是与中国未来的事业联系在一起的。育才是为中国未来事业培养人才，新的中国需要国家栋梁之材。"然后接着说，他要孙铭勋去重庆，接手红岩村育才学校的工作。

1947 年 2 月 28 日，重庆新华日报社被国民党当局查封，育才学校被国民党政府勒令停办，特务到育才学校抓人、砸校，白色恐怖再一次笼罩育才学校。许多同志转移到解放区，孙铭勋也定了去延安。临出发时，组织又决定让他留下来，转移到重庆清华中学去工作，避开风头后又回到育才学校（此时育才各专业组均迁往上海），留下的普通组和小学部，由廖意林主持工作，孙铭勋负责教育教学工作……

6

中共川东临委建立，秘密武装农民

    1946 年 11 月 6 日，蒋介石认为时机成熟了，于是发动了第三次反共高潮。国民党军队磨刀霍霍，准备大举进犯解放区。蒋军在陕北、张家口同时发动进攻，一举攻占了张家口，胡宗南的集团军攻入延安，蒋介石的全面进攻达到了顶点。中共中央发出了《对南方各省工作的指示》：一、现在南方各省国民党正规军大批调走，征兵征税普遍施行，正是我党发动游击战争的好机会。二、凡条件尚未成熟之地区，则采取隐蔽待机的方针，以等条件之成熟，此种地区在目前当然是多数，但其目标仍然是积极发动公开的游击战争，创造建立游击根据地的条件，而不是不管条件是否成熟，一概采取长期隐蔽方针。中央批准了中共四川省委书记吴玉章等在重庆起草的"西南武装斗争总计划"，并回电话：原则上同意西南武装斗争总计划，目前应立即将党的工作重心转移到农村，组织工农发动游击战，牵制一部分蒋军，以利我军反攻，仍留少数干部坚持城市斗争。当前主要是大量培养干部，送往农村，扩大游击战……

1947年3月8日，国民党军胡宗南部向陕北发起进攻，党中央撤出延安前夕，中共中央又发出《关于在蒋管区发动农民武装斗争的指示》，指出：在蒋管区发动与组织农民群众武装斗争的条件与时间是完全具有的。你们要根据党的方针与过去的经验，订出本年内组织与发动农民武装斗争的计划，并督促其实施。

1947年10月10日，解放军发动大反攻时，由毛泽东起草的《中国人民解放军宣言》，指出为了早日打倒蒋介石，建立民主联合政府，我们号召全国各界同胞，在本军到达之处，同我们积极合作，肃清反动势力，建立民主秩序。在本军未到之处则自动拿起武器，发动游击战争。

1947年9月，中共重庆市委书记王璞通过在华蓥山区周围各县的考察，写出了《川东农村工作情况汇报》，与肖泽宽、涂万鹏、骆安靖等碰头后，带着准备在华蓥山武装起义，建立游击根据地的汇报材料到上海，向上级组织钱瑛同志汇报。10月，钱瑛批准了这个计划。在沪期间，钱瑛向王璞介绍了抗日战争时期在沦陷区建立两面政权的经验，要求川东党组织充分利用蒋介石与地方实力派的矛盾，争取地方实力派同情革命或保持中立态度。同时，决定成立中国共产党川东临时工作委员会（简称中共川东临委），统一领导上川东、下川东、川南和重庆市的工作。

王璞回到重庆后，传达了钱瑛的指示。为了加强对川东农村工作的领导，立即成立了中共川东临时工作委员会，王璞任书记，涂万鹏任副书记，刘国定、彭咏梧、肖泽宽为委员。中共川东临委的成立，标志着中共川东临委党的工作重心转移到农村。王璞更加关注对上川东地区党组织的领导。他身着蓝布长衫，头戴草帽，以做土特产的商贩为掩护，深入到华蓥山区的广安、岳池、武胜、邻水、合川、大竹、达县一带农村，踏勘华蓥山的地形地貌，积极准备武装斗争。

中共川东临委按照钱瑛的指示，从重庆抽调了大批干部到川东各地发动农民，组织农民协会，开展抗丁、抗粮、抗税的"三抗"斗争。派遣地下党员、革命青年秘密回到乡村，准备武装斗争，围绕华蓥山地区开展游击战争。

解放战争开始后，中央派了一批四川籍的干部曾霖、杨汉秀、刘隆华、邓照明等从延安回到四川，中共重庆市委和中共川东临委派出一批川大、重大、育才等校的学生奔向川东农村，发动群众，组织群众进行斗争。

1946年秋，杨奚勤从北碚复旦大学到岳池，当了尚用中学校长。1947年8月，在重庆参加"抗暴"运动的骨干易难、罗永眸到了合川、武胜一带，刘石泉、张伦、蒋可然等党的干部到了武胜、合川、岳池等地。徐春轩、杨迅行、李坤、陈子侠、余万菊、蒋经伟等被派到达县虎城、南岳、大树等地活动。他们利用老同学、老朋友、亲戚、家族等关系分散隐蔽在群众之中，帮助农民耕田种地、打猪草，以摆龙门阵的方式向群众进行革命宣传。

1947年冬，中共川东临委派中共重庆市委一位负责人对从延安回来在重庆工作的刘隆华说："王璞征求你的意见，是否意愿上山打游击？"她一听，高兴极了，回答说："希望临委决定下来，我一定去！"来人看着她身边不满六岁的儿子小宁，又望望睡在床上才三个月的小明，有些为难地说："这两个孩子怎么办？"刘隆华唯恐组织上不同意，急忙说："请你转告老王，孩子不带上山，我自己想法安排好。"

当晚，刘隆华去巴县找到姑母，请她帮助照看两个孩子。姑母是一位深明大义的老人，含着泪对侄女说："你把孩子送回来吧。"刘隆华感动地哭了。腊月二十七，就要过年了，她把两个孩子送到了姑母家，第二天清晨，孩子睡得正香，年轻的母亲站在床边看了又看，摸了又摸，心潮起伏，依恋之情油然而生，但是，为了革命，她还是暂时丢下爱子，离开了。

刘隆华去到广安县城，在欧家大院住了五六天。王璞通过地下党渠道，安排她到禄市小学，以教师身份为掩护。不久，建起了禄市特支，她担任了禄市特支书记。

禄市靠近天池，是华蓥山的一脉。禄市小学是地下党在华蓥山的工作据点之一。雷雨田也在小学教书，担任特支副书记。学校组织了"生期会"，有十几名教师参加。刘隆华自称是广安县城的小姐，早年在外读书，又和当地的乡民代表主席结为本家，按年龄是他家三姐，常来常往。学生家长中，只要不是恶霸、特务分子，她都尽力与他们"结亲家，结姊妹、认本家"，发动他们参加"三抗"斗争，参加"生期会"。这一带的农民，生活特苦，常年吃红苕玉米糊，盐巴奇缺，家家用线袋吊着，煮菜时在锅里蘸一下，菜淡得没盐味，男男女女多害眼疾，人称"萝卜花"，一条又黑又烂的粗布洗脸帕，全家合用。刘隆华怕得眼疾，不敢用这种洗脸巾，只好双手捧水洗脸。开始走山路，不习惯，跌跌撞撞，脚打起血泡，她咬紧牙关，也赶不上别人，后来，脚磨出了老茧，也学会了走山路。

刘隆华在禄市以"生期会""姊妹会"等形式，把农民发动起来，在短短几个月里，便建立起几个支部，参加"三抗"斗争的群众成百上千。街上茶馆、酒店虽然张贴着"莫谈国事"的禁令，但解放区的山歌却在广为流传：

> 山那边哟好地方，
>
> 一片稻田黄又黄，
>
> 你要吃饭得做工啊，
>
> 没人替你作牛羊！

由于封建礼教思想的阻碍，刘隆华独自一人到男同志老家去谈工作，常常引来别人的猜疑目光。他们对男女不分、白天黑夜在一起交头接耳无法理解，甚至误解，每当她到男党员家里谈事，就不得不请他们的妻子陪坐，但又怕泄密，为此，她常忧心忡忡。

一天，夏惠禄高兴地对她说："三姐，有办法了，你看青纱帐掩护行不行？"

刘隆华摇了摇头："我们这里是川东，不是东北啊！"

夏惠禄用手指了指绿油油的玉米地说："这不胜似青纱帐吗？"

刘隆华看后，仰头大笑，"要得，要得。"以后他们开会、议事，商量武装起义的问题，都钻进这片苞谷地……

经过艰难的宣传、发动，农民群众开始觉醒了。川东各地党组织进一步把农民组织起来，建立了各式各样的农协会。1947年，合川县金子乡、广安县代市、大竹县张家场、达县南岳、渠县龙潭等地，都秘密建起了农会。到1948年上半年，川东农会会员发展到数万人。合川金子乡的农会会员达3000多人。为了麻痹敌人、便于开展活动，农会一般都借用当地传统习惯名称。如岳池、武胜、广安、渠县一带叫"生期会""土地会""兰交会""姊妹会""农民自救会"，营山叫"簸箕团"，大竹则借用猎户组织名称"山王会"。

为了进一步教育广大农民，农会常在夜间组织学习、开会，以办识字班的形式，给群众讲解放战争的形势，讲共产党的《中国土地法大纲》、讲"三抗"斗争的重大意义。合川金子乡、武胜三溪乡等地举办农民夜校，编写识字课本。他们把编写的教材油印出来，发给夜校学员，都是顺口溜、打油诗，内容易懂易记。例如："不读书，睁眼瞎，读了书，有办法，会写会算，不受欺压。""铁锤响叮当，炉火冒红光，绅粮不劳动，粮食堆满仓，农民苦到头，糠菜半年粮。""农友们，齐心干，大家站在一条线，组织起来千千万，打倒蒋介石，农民把身翻!"广安的乡下教唱："渠河水，清又清，田里的稻谷赛黄金，农民种出神仙米，胀死肥猪饿死人!"……农民与地下党思想近了，组织农民就容易了。

7

围绕华蓥山，建立上川东县级工委

　　建立了中共川东临委后，为了加快武装起义的步伐，中共川东临委改组了中共重庆市委，以便于加强领导。城市支援农村，把重庆作为支援华蓥山武装起义的后方基地。华蓥山起义需要武器、资金、人力（革命者），都可以得到城市的支援。改组后的中共重庆市委，书记为刘国定，副书记为冉益智，李维嘉（原南充工委书记）任常委，主管宣传统战，许建业（从巴县中心县委调来）主管工运。

　　改组中共重庆市委的同时，王璞还建立了中共上川东和下川东地工委。1947 年 11 月，中共川东临委决定在广安县建立中共上川东地工委，由王璞兼任书记，曾霖、骆安靖任委员。上川东地工委以下，针对情况，灵活掌握，一个县或几个县建立党的县级工作委员会，简称工委。

　　第一工委：辖达县、大竹、梁山、垫江一带。1946 年前，大竹、邻水、达县党组织先由彭咏梧领导，彭咏梧调下川东任副书记后，交曾霖负责。1947年7月，中共重庆市委派胡正兴到大竹清理组织，恢复了张传友、江山霖等人的组织关系，发展了陈尧楷、徐相应等入党，成立了张家场特支，以后在文星、杨通等乡也成立了党支部。1947年10月，王敏到梁山、达县交界的大树、黄庭等地恢复发展党的组织，成立了大树、黄庭、南岳三个支部。1947年11月，邓照明、陈以文到大、达、梁边境的虎城、南岳、大树和大竹张家场、杨通等地，遂以这些党组织为基础，建立了中共上川东第一工委。书记：邓照明，委员：陈以文、王敏。

第二工委（即中共长邻工委）：1948年2月，王璞将长寿、邻水党组织合并，在长寿成立中共长邻工委，书记：倪永业，委员：陈子凡、王炳南。

第三工委：1948年5月，经王璞同意，将中共重庆市委、铜梁特支改组，成为中共上川东第三工委，书记：熊伯涛，委员：游文俊、杨德进。辖铜梁及大竹、璧山一部分。

第四工委：1947年11月，将中共北碚特支与合川特支合并，成立了中共上川东第四工委。书记：李家庆，委员：刘石泉、江伯言。辖合川、铜梁、潼南各一部分。同年12月，李家庆调渠县后，由江伯言继任工委书记。这时第四工委只领导合川的工作。

第五工委：1945年秋，中共中央南方局于江震派谈剑啸由重庆回广安清理党组织，恢复了杨玉枢、张若一、丰炜光等的组织关系，成立了中共广安城厢特支。1946年12月骆安靖去广安，又恢复和发展了一批党员。1947年12月至1948年初，曾霖、余行键、雷雨田、温静涛、刘宗灵、刘隆华、林涛到了广安，又成立了中共禄市特支。1948年初，陈伯纯在合川金子乡暴露后，也转移到广安观阁隐蔽，又成立了中共观阁特支。1948年1月，成立了中共上川东第五工委，骆安靖任书记，谈剑啸、吴子节、杨玉枢为委员。1948年7月，广安党员已发展到400多人，相继成立了城厢、城厢青年、观阁、禄市、代市 5 个特支。党员散布在城厢、观阁、代市、三溪、东岳、石笋、大兴等 20 多个乡镇。

第六工委：中共渠县地下党组织原属中共北碚中心县委管辖，1942 年冬，北碚中心县委委员蒲泽厚在渠县被捕，随即杨鉴秋也撤出了渠县。中心县委中断了与渠县的组织联系。后来得知蒲泽厚被捕后在狱中表现较好，多次遭受敌人刑讯，都未供出党的机密。1943 年春，经杨景凡、陈云龙等同志多方营救获释。1947 年下半年，川东临委成立之前，中共重庆市委书记王璞派周兴明同志到渠县向颜正宗了解渠县地下党组织的有关情况，向王璞汇报后，决定恢复与渠县的组织联系。1947 年 12 月，中共川东临委和上川东地工委建立后，王璞又把第四工委书记李家庆从合川调到渠县。又把熊扬从南充建华中学调到渠县，组建了中共渠县特支，隶属上川东地工委领导。李家庆任特支书记，周兴明任组织委员、熊扬任统战委员。1948 年 4 月，王璞决定把渠县、达县、营山三县党组织合并，成立上川东第六工委。由李家庆任书记，熊扬、王敏任委员。

第七工委、第八工委：这两个工委是由岳池县特支和武胜县特支发展组成的。1947 年冬，南充中心县委负责人朱光壁将岳池的组织关系转交给王璞领导。次年初，岳池党员人数发展到 400 多人。1947 年秋，易难、罗永晔从重庆转移到合川金子乡，不久又到了武胜。1948 年 1 月，建立了武胜特别支部。罗永晔任书记，易难、蒋可然、周仁极为委员。2 月，王璞在岳池召集蔡衣渠、徐庶声等研究，将武胜特支与岳池特支合并，成立第七工委和第八工委。第七工委辖岳池和合川部分乡镇，徐庶声任书记，刘石泉任副书记，杨奚勤、张伦、李晖、李成为委员。第八工委辖岳池部分乡镇、武胜部分乡镇和武胜县城，书记：蔡衣渠，副书记：徐也速，委员：蒋可然、罗永晔。

第九工委：辖南充、阆中、南部、蓬溪县一部分地区。书记：李维嘉，委员：朱光壁。李维嘉调中共重庆市委后，由朱光壁任书记，杨裕、向仁、贾子群为委员。

第十工委：即南蓬边境工委。1948年7月，王璞派江伯言到南充、蓬溪边境组建了南蓬边境工委。书记：江伯言，委员：文学海、文倍贞。

按照中共川东临委的部署，上川东地委领导的各个工作委员会都做了武装起义的准备。根据后来的情况变化，决定第一、四、五、六、七、八工委所领导的地区为发动武装斗争的第一线；第二、三、九、十工委所领导的地区为第二线。若一线武装斗争顺利，二线工委便积极响应；若斗争失利，二线工委则负责疏散，安排转移和隐蔽一线的同志。一线地区也要有计划地安排一些党员和党组织埋伏下来，不参加武装斗争，以便保存一部分力量，继续在本地坚持斗争。

各县级工委建立后，重点是抓农民武装，以农会和生期会等群众组织为重点，发现积极分子，吸收加入中国共产党或吸收到武工队，各工委都在积极进行准备。

广安禄市小学刘隆华、雷雨田等深入到农村去组织农民，向农民宣传《中国土地法大纲》，这是共产党的主张，只有共产党来了，才能按土地法大纲，分给农民土地，农民才有活路。国民党在国统区抓壮丁当炮灰。农民要想过上太平日子，不当壮丁，不交捐税，只有起来反抗。还讲解放区军民和国民党军队作战，不断取得胜利的大好消息，群众听后，精神异常振奋。

禄市特支的工作不局限于禄市乡，还从学校向社会，从教师到农民中开展群众工作。这样通过逐步扩散，把附近的新桥、天池等乡的群众也发动起来了。他们对国民党反动派非常仇恨，纷纷起来开展抗丁、抗粮、抗税斗争。只要乡保人员出来抓人，就互相转告躲避，弄得敌人经常扑空，即或被抓去了，也要设法把人追回来。禄市小学校工袁世才被抓去当壮丁，关在乡公所，禄市的教师出面与乡长讲理，质问他为什么随便抓学校的校友，他无言以对，只好将袁放回来。一当场天（四川话，意为赶集），雷雨田同志亲眼看见街上保长姚代俊捆绑一个农民当壮丁，一家老小尾随其后，哭着喊老天爷，甚为凄惨。雷雨田了解到被抓的并非姚代俊保上的人，便气愤地出面和姚说理，沿街群众也七嘴八舌地进行指责，姚代俊被迫将这个农民释放。事后，姚代俊企图寻机报复，被校长夏楚才出面制止了。刘隆华对姚代俊说：蒋介石就要垮台了，人民解放军已经全面反攻了，帮蒋介石为虎作伥，不会有好下场！其他保长听了宣传和警告，他们对国民党政府抓壮丁的要求就采取软拖，或故意找些瞎子、瘸子去搪塞。最后就顶，说人都跑光了，抓不到。禄市、永兴、回龙等地群众对田赋、酒税和屠宰税等，拖着不交，征收员来催，躲着不见，他们来抓人，就和他们拼，打了就跑。就这样，破坏了国民党的壮丁、粮、财的来源。

8

宝刀初试，虎南大起义（第一工委）

中共上川东地工委成立后，1947 年 11 月，首先在大竹、达县、梁山建立了中共上川东第一工委。王璞派邓照明代理第一工委书记，陈以文、王敏任委员，重点发展这一带的武装斗争。

张家场的枪声

大竹山后张家场陈尧楷、陈子侠等打死护邻乡县参议员包志明，揭开了华蓥山武装斗争的序幕。

1947 年秋，彭咏梧调下川东前，负责达县、大竹、梁山、垫江片区的工作，他强调：党组织要克服消极隐蔽的思想，在张家场及邻近乡镇放手发动群众，建党建军，让声势越来越大。"山王会""兰交会""翻身会""商帮""姊妹会""儿童团"等党外群众组织相继建立，十分活跃，抗丁抗粮抗税，借钱买枪，几乎公开化。统战工作，几乎做到了每一个乡、每一个保长头上。有人告密说："陈尧楷乘'共匪'倡乱，内争初起之际，四处活动，有枪者则登记枪支，无枪者贷款购置，以增强实力，并以反抗兵役为口号接纳同类，暗中加入者不乏其人。"

中共张家场特支的活动引起了敌人的注意，在与张家场一桥之隔的邻水护邻场，有一个青年政客包志明，是邻水县参议员。其人粗通文墨，诡计多端。陈尧楷早先曾利用同乡、同学、亲戚关系对包志明做过工作，希望他站到革命这边来。包志明表面应付，而暗中密切监视陈尧楷等人的活动。1947年9月初，陈尧楷向包志明经营的"吉祥栈"（经营借贷业务）借款买枪，包志明一面应允借款，一面秘密地通过护邻场的乡长包益到大竹专署密报。紧接着，大竹专署派了五个调查委员（五人小组成员，特务）来到护邻场。

一天，包志明从他当乡长的侄儿包益处要了几个乡丁，加上自己的保镖七八个人，大摇大摆地来到张家场一家酒馆，大吃大喝，然后派人放风说："包参议员来张家场放债收利，有钱交钱，无力还债的卖壮丁也要还钱。"当天，护邻乡公所果然派兵到张家场，抓了一个兰交会会员去当壮丁，陈尧楷当即出面找包志明要人。

"嘿嘿，早就听说从重庆回来的陈先生的大名，"包志明皮笑肉不笑地说，"不知护邻场乡公所抓的是你舅子、老表，还是朋友？"

"我与那被抓的壮丁非亲非故，他是本兰交会的会员，请你放他回来。"陈尧楷不慌不忙，语调软中带硬。

"呵！"包志明一脸奸笑。"也好，看在你陈先生的分上，我帮他说说，不过，这可不是我分内的事，你我之间，最好还是井水不犯河水。"

包志明心怀叵测，约定9月28日逢场天，叫护邻场乡公所派人把壮丁送回张家场，让陈尧楷来接人。

实则几天前，包志明就探听到重庆地下党要送一箱手枪来张家场。9月28日这天，包志明以释放壮丁为钓饵，诱使陈尧楷上圈套，达到既劫枪，又抓人的目的。邻水县特务组织"调查委员会"已答应事成后为他请赏。

当场天到了，张家场狭窄的街道上，人群熙熙攘攘，挑箩排担的，各种叫卖的吆喝声交织在一起，热闹非凡。陈尧楷来得特别早，他从上场走到下场，又从下场走到上场，没有发现护邻乡送壮丁来，心里开始怀疑。

晌午，陈尧楷在一家茶馆里找到包志明，质问道："你为啥说话不算数？说话当放屁！为啥答应放人，又暗中把人押走？"

"这……这……"包志明支支吾吾说，"不晓得。"但脸上却露出得意的神色，他心里暗自盘算："再过一阵子，你陈尧楷连同那箱手枪，就会落到我的手里，成为我的'晋升礼'。"他装出愿意协商的样子，把陈尧楷引进屋里去。又匆匆走出来，朝街上四面张望了一下，又迅速地回到屋里，像在等什么。

"这家伙在搞什么鬼？"陈子侠拉开二十响的枪机，紧握在手里，一个箭步跨进房门口，却被包志明的卫兵拦住。陈子侠怒目圆睁，大声吼道："呃，你给我让开，又不是不认识！"他闯过卫兵，两步跨进里屋，以责备的口吻对陈尧楷说："哥，你还啰唆啥哟，家里客人等了好久了，叫你快回去！有事改日再谈嘛。"

陈尧楷会意，"我就来"，便乘机离开茶馆。包志明无可奈何，眼睁睁看着陈尧楷走了。枪没劫到，人也走了，不知怎么向上司交代，他倒在椅子上，像泄了气的皮球。

那批手枪，重庆地下党早就改变了计划，接运地点和接运人都换了，并提前几天运到了张家场，交到陈尧楷那里，已经佩在武工队员身上了。

同时，张家场特支也在这天得到护邻场警卫主任陈志儒和四合乡乡队副朱鹏举送来的情报，敌人出动军警到张家场是包志明策划的。为了踢开绊脚石，特支当晚召开了紧急会议，决定铲除这个恶棍，给其他反动乡保长一点颜色看，同时也扫清武工队活动的障碍。特支决定，由军事委员陈尧楷指挥这场战斗。陈尧楷把任务交给陈子侠执行。

又一个逢场天，包志明一早就钻进酒店内间，躺在床上抽大烟，他过足了烟瘾，嘴里哼着小调，问手下人筵席准备好了没有，又命令卫兵回护邻场取东西。

包志明的话，被在酒店外边巡游的陈子侠听见了，陈子侠闪过门卫，快步冲入房中。包志明见门外闪进一个人来，顿时一惊，看清是陈子侠时，便以为他又是来要壮丁的，漫不经心地问："你哥怎么还问那件事？他来了没有？来了我陪他喝酒。"

"他头痛，等会儿上街。"

包志明又躺在床头吸大烟，手枪就放在枕头边。陈子侠故意十分神秘地凑近包志明，低声问："昨天你对我哥说是朱鹏举去密报我们的？"

"就是那狗日的去报的。"其实，朱鹏举是地下党争取过来的乡队副。

门"吱"的一声开了，武工队员陈尧全闯了进来，包志明惊问道："你来干什么？"

陈子侠急速抓住包志明放在枕边的枪，一手拔出腰间的"二十响"，厉声喝道："向特务密报武工队活动的就是你龟儿子，今天我们就是来找你算账的！"

包志明用力猛扑过来，两只手抓住陈子侠的枪筒，二人扭打了起来。店主陈礼和的小妈以为他俩开玩笑过火，忙过来劝架。三个人绞抱在一起，陈子侠无法开枪，便喊："尧全，你给我打，给我打！"陈尧全见他们扭成一团，怕误伤了陈子侠，迟迟不敢开枪。后来，开枪误伤了陈礼和的小妈，包志明将陈子侠掀翻在地上，转身便跑，说时迟，那时快，早就等在门口的另一个武工队员张毛子一枪击中包志明的脚杆，只听"啊"的一声，包志明倒在地上，紧接着，陈子侠从屋里追出来，又补一枪，这个血债累累、恶贯满盈的恶霸，便四脚朝天，死了。

杀了包志明，打响了上川东武装斗争的第一枪。事后，陈尧楷、王敏、陈以文、胡正兴把外来干部和本地武工队员集中在明月峡的鸦雀口一带，开展练兵和游击活动，建立起上川东地区第一支武装工作队。若能将打死包志明一事掩护起来，就有利于武工队开展斗争。为此，中共川东临委书记王璞在邻水召开了县委紧急会议，专题讨论包志明被处决后的局势和应变措施。决定充分利用店主小妈被误伤一事，称打死包志明是一桩"桃色事件"。四处宣传说：包志明光天化日之下，奸淫妇女，为非作歹，与店主小妈不清不白，陈家要报仇雪耻！大竹特支积极配合，利用特支书记邵启群在大竹《三日刊》担任编辑的方便，在《三日刊》上大造舆论，说包志明作风下流，"竟白日宣淫""陈怒难忍，一念之下，将彼二奸击毙"。陈尧楷"不敢落家，旋即拖枪裹人投奔山林"。

在邻水县参议会上，共产党员张志刚和进步人士苏雁秋、赖振声与国民党反动分子展开激烈的舌战，文教组召集人苏雁秋终以"此案应由有关单位调查处理，本案不立"向大会做了总结。

邓照明抓梁达大区武装

1947年10月底，中共上川东地工委建立，11月初，首先成立了中共上川东第一工委。王璞派邓照明代理第一工委书记，陈以文、王敏任委员。重点发展大竹、达县、梁山、垫江一带的武装斗争，因为这里的群众基础较好。1945年，中共中央南方局于江震派共产党员李大荣回到梁山虎城寨，邓兴丰回到达县南岳场，王臣回到达县大树乡。他们通过各种渠道，分别当上了"校长""乡长""乡队副"等，然后利用这些合法身份，发动群众，组织农会，打下了一定基础。1946年冬，从重庆育才学校回到大竹的学生陈尧楷、徐相应、徐永培、徐春轩等建立起中共大竹张家场特支。后又从重庆等地陆续有王敏、陈以文、王群、宋联嗣、刘迦、朱林等30余人到大竹，加强了大竹山后区和梁山、达县虎南区的武装斗争准备工作。

1948年1月8日，邓照明来到大竹山后区，加强了这一中心地区的工作。抗日战争时期，1939年，邓照明从四川大学毕业后，曾到晋西北抗日，打过游击，当过县委书记，出席过党的七大。具有农村工作和游击战争的经验。他来后，即发动群众抗丁抗粮、建党、训练干部、建立秘密武工队。

1948年初，中共上川东第一工委辖大竹、梁山、达县、垫江等地。党员已发展到328人，建立了大竹山后区委和梁（山）、达（县）虎南区委。山后区有三支小部队，共120余人，分别由陈尧楷、欧君良和徐相应领导。虎南区有一支40多人的队伍，由余少白负责。加上熊曙东、杨春旭收编的土著武装和王成控制的乡丁共有百余人。

邓照明对山后区原有的三支小部队（即张家场、杨通、吉星武工队）陆续进行了整编，组织部队宣誓、练兵。他还给部队讲游击战争的战略战术，把部队分别编成若干小组进行训练。整编后的三支部队，约120人，仍由陈尧楷、欧君良和徐相应分别领导。

为了更广泛地发动群众，邓照明多次主持召开大会，教歌、做报告、上课。游击区内，群情振奋，歌声嘹亮，士气高昂。当时流传的歌曲有《好翻身》《紧跟共产党》《鱼水情》等。

王璞、曾霖也都到张家场视察过工作，看到这里的斗争如火如荼，群众革命热情高涨，他们兴奋地称赞道："这里好像蒋管区的解放区哟。"

1948年1月17日至21日，中共上川东第一工委第一次会议在达县南岳乡旋顶山召开。到会的有邓照明、王敏、陈以文等。中共川东临工委书记王璞也参加了会议。会议分析了当时形势，讨论了建党、建军、统战工作等。王璞对第一工委的工作很满意，认为是当前川东地区工作开展得最好的地方。会议制定了以后三个月的工作计划，主要是抓紧建党、建立地下武装，积极开展武装斗争。

抗日胜利后，1946 年 5 月 5 日，国民党政府从重庆回迁南京。中共中央南方局随国共谈判代表团迁到南京梅园新村。1947 年 3 月初，公开的中共四川省委和《新华日报》工作人员被国民党强行撤离重庆后，重庆地下党组织与上级失掉了联系。同时国民党特务组织军统也增强了对梅园新村的监视。中共中央南方局指示钱瑛离开南京到上海与上海局合署办公。周恩来委托钱瑛管理重庆的工作。钱瑛同志十分关心四川，她通过和身边的工作人员张文澄秘密通信，与重庆地下党取得了联系。时任重庆市委书记的王璞先后派刘国定、骆安靖于 1947 年 4 月和 7 月去上海向钱瑛汇报情况。钱瑛先后两次接见了来自四川的党组织。她强调说：解放战争正在激烈进行，四川党组织要适应新的情况，积极发展壮大党的组织，打开新的局面。同时钱瑛决定由王璞负责清理川东党的组织。

1947 年 8 月，肖泽宽和王璞见了面，互相交换了情况和对形势的看法。肖泽宽说，张友渔还交给他一个叫邓照明的组织关系。张友渔说：秀山有个关系，因敌人怀疑他是民盟的人被捕了，但已经释放出来了，目前还没出问题。王璞也分析了川东地区的各种矛盾和当前的形势，提出了发展农村武装斗争和城市工作的意见。1947 年 9 月，王璞征得了川东党组织几个重要领导的意见后，带着《关于发展农村武装斗争和城市工作的意见》，亲自到上海向钱瑛请示汇报。大意是：川东是国民党军队兵源、粮源的基地，与陕西、鄂西接界，应当发动武装斗争创立游击队和革命根据地，扰乱敌人后方，牵制敌人兵力，配合战略反攻。目前四川农村民不聊生民变四起，人民迫切希望共产党去领导。发起暴动的条件已经成熟。暴动的重点放在上川东华蓥山周围和下川东奉、大、巫一带……

钱瑛同志听了王璞的汇报后，分析了解放战争的形势，对四川是国民党军队的兵源、粮源基地的判断表示赞同。在农村开展武装斗争建立根据地，既可以动摇国民党后方，又可配合大巴山北人民解放军进军四川。钱瑛请示上级同意，批准了王璞《关于发展农村武装斗争和城市工作的意见》。同时告诉他一个好消息，中央在进行战略部署的同时，还积极采取措施，组织"四川干部大队"（简称川干队）返回四川开展武装斗争。1947年9月27日，周恩来在陕西葭县神泉堡召见了原南方局的于江震、杨超等人。周恩来对他们说："过去让你们从重庆撤到延安，是准备以后要打回去的。现在局势将要发生重大变化，中央打算要你们组织一批过去在四川工作过的同志绕道香港回四川，加强那里的工作，条件成熟后搞武装斗争，将来配合南下大军解放四川……"

1947年10月，王璞从上海返回重庆后，抓紧布置，落实建党、建军的各项准备。根据钱瑛和中共中央的指示，成立了中共川东临时工作委员会，王璞任书记、涂万鹏任副书记，刘国定、彭咏梧和肖泽宽任委员。邓照明没有参加川东临工委，是因他在黔江被捕，由王璞负责审查。本来王璞在向钱瑛汇报时已经提出，邓照明在晋东南做过县委书记，参加过党的七大，搞过武装，打过游击，有经验，应该参加临工委。钱瑛说，虽然大家相信他，但应该有个组织审查手续，你们赶快派人调查，现在先干工作。王璞回来，向邓照明说明了上级的意图，并要他做上川东第一工委书记，到达县发动武装斗争，同时安排宜昌特支陶敬之，通过打入敌人军队（即逮捕邓照明的潘文华部）的党员明昭，查看了敌人档案，弄清邓照明、刘兆丰等在被捕期间没有问题。1948年3月，樊恒才从宜昌回重庆，向肖泽宽作了口头汇报。肖泽宽与王璞商量，准备在1948年5月再到上海汇报时将邓照明补进中共川东临工委，但后来因重庆地下党组织遭到破坏，这个想法未实现。

当时中共川东临工委的分工和下属组织情况为：成立中共上川东地工委，王璞兼书记，骆安靖、曾霖任委员。成立中共下川东地工委，涂万鹏任书记，彭咏梧任副书记，杨虞裳（艾英）、唐虚谷任委员，并决定彭咏梧立即到下川东，组织武装起义。改组中共重庆市委，刘国定任书记，冉益智任副书记，负责学运；李维嘉任常委，负责宣传、统战；许建业任委员，负责工运。

1948 年正月初四，肖泽宽、王璞、涂万鹏在重庆碰头，知道下川东起义失败，彭咏梧牺牲。邓照明在达县、大竹的游击战已经开始了，敌人调来当地驻军 79 师一个营重兵围剿起义军，不几天起义也失败了。

大竹山后区的武装斗争

第一工委会议后，大竹山后区武装斗争发展很快。武工队在大竹、垫江、邻水交界的山间密林中活动。有一次，陈礼和小队一行 7 人到邻水某地去武装缴枪，被附近的保安部队察觉、包围，游击队员杨月友不幸牺牲，李禄贵被俘，其余 5 人突围后回到张家场。

李禄贵被俘后在邻水县城叛变，供出了游击队的线索。大竹专署调省保安团、79 师前来围剿。1948 年 2 月 6 日，陈尧楷、欧君良、徐相应等得到敌人前来围剿的情报后，决定主动撤离。当夜四点多钟，游击队在苏家沟坡下会师，决定在大竹"剿匪"联防大队长邓如璋可能路过的地方埋伏，准备消灭邓如璋，伏击邓如璋后再将队伍转移到垫江方向。恰在这时，前往张家场"清剿"的敌两个保安中队包围过来，双方发生枪战。接火后，陈尧楷、徐相应立即指挥部队往苏家沟山上撤。敌人紧追不舍，工委委员陈以文距敌人只五六十米了，敌人狂呼"抓活的"。已经撤到山上的陈尧楷见情况紧急，立即带领游击队员来接应，陈尧楷等瞄准敌人，一连打死打伤敌军五六人，敌人见游击队火力很猛，不敢继续追击。

国民党第十区保安副司令傅渊希率部前来增援。游击队居高临下，猛烈射击。敌人无可奈何，龟缩不前。几个小时后，陈尧楷、徐相应、欧君良等摆脱敌人，迅速转移。

部队撤至双河大槽源一带，又遭到双河乡冬防队的阻击。游击队向敌营发动政治攻势，利用本地亲戚关系在阵前喊话："老表哇，不要打！我们是共产党的队伍，不是土匪！""老表哇，蒋介石就要垮台了，不要给国民党卖命了！""我们同是受苦人，穷人不要打穷人了！"

乡丁都是穷苦农民，有的受过共产党的影响，同情革命。他们敷衍上司，乱放一阵枪便撤走了。夜幕中，武工队化整为零，分散隐蔽在乡间。敌人一无所获。傅渊希恼羞成怒，命令李叔怡第二天继续"搜寻昨夜游击队撤退线索"，并急电大竹专员余富庠，请示"清剿"方略。7月，余富庠向重庆行辕告急，行辕电令国民党整编79师293团团长康泽厚"率队清剿"。

李叔怡在苏家沟山上没有抓到武工队，又到鸦雀口、文峰寨一带搜索，也不见陈尧楷的人影。傅渊希对他严加诉斥"饭桶"！以不听命令，自行撤兵，剿匪不力之罪，记大过一次。罗代培、熊全安被撤职查办。

当时康团驻防垫江，2月8日，傅渊希赴垫江，与康泽厚面商清剿事宜。第二天，傅、康在垫江召开清剿会议，密谋清剿计划。10日，傅渊希在大竹石子区召开各乡保长清剿会议，逮捕了共产党员、保长徐承志。13日，四川第十行政区竹、垫、渠、邻各县"剿匪"部队建立了"共同堵剿纵队"。康泽厚团开进石子区，在张家场、杨通庙、文峰寨、鸦雀口、片头寨一带反复"清剿"，乱捕乱杀，采取白色恐怖手段，搞得人心惶惶，鸡犬不宁。陈尧楷、徐永培、徐相应、欧君良等武工队员，被迫撤出大竹山后区，一部分队员由陈尧楷带领，转移到广安天池一带活动。

虎南大区武装斗争

虎南大区的几股秘密武装，活跃在达县、梁山边界山区和深丘地带，其中改编过来的余少伯的队伍，战斗力较强，但他们四处去邀同伴时，不讲策略，不注意方法，持枪上街，公开打靶，引起反动当局注意。敌人造谣说"土匪与土共结合了""邓兴丰、吕在和、王臣造反了"。这就过早地暴露了目标。

早在1947年4月，国民党达县专员李放六就派他的得力干将、保安司令部参谋李特夫担任达县二区（辖大树、南岳、黄庭、万家等乡）区长，严密监视共产党的活动。以后，李放六又派大批特务到大树、南岳、黄庭一带侦察，发现大树、黄庭、南岳的吕在和、邓兴丰组织了"刃儿教"，可能有政治活动。大树乡的吕在和、邓兴丰、李文明、李坤等经常到王臣处开秘密会议，并在观音寨组织游击队，要发动农民举行暴动，李放六便密令李特夫加紧严密布控，妄图一举消灭游击队。

李特夫是军校特训班一期学生（军统特务），为人狡诈，诡计多端。他坐镇大树，常召集邓兴丰、王臣、吕在和开会。一次，他以开会为名，暗中设下埋伏，妄图逮捕邓兴丰。邓兴丰早有察觉，便选了二十几名精干的游击队员，换上青色的乡丁制服，提着手枪来到大树。李特夫见状，不敢轻易动手。

不久，李特夫又从达县专署调来两个保安中队、一个县警察中队，分驻在南岳和大树，造成大军压境之势，威胁游击队。同时还在绿林武装中进行挑拨，多方收买。他不断给余少白写信，施加威胁利诱。又唆使大地主尹文豪、胡大俊劝余接受招安。余部不少人是尹、胡的心腹、干儿子，还有的是青帮成员和袍哥中的龙哥虎弟，成分极为复杂。加上党对他们进行改编后，政治思想教育没有跟上，这支队伍很快就动摇了。

此间，游击队杨帆部 13 人在大竹与范南宣的联防队 9 人发生一次摩擦，联防队伤亡 3 人，全体缴械。游击队里传出"范南宣要报仇""要率大队人马攻打南岳场"等消息。余少白部心理上有些恐惧，纷纷乘机下山，由尹文豪、胡大俊搭桥，在大树办理了"自新"手续，投靠了国民党。

余少白部"自新"后，派人给游击队送信，辩称自己"投靠政府"实属迫不得已，以后还可以帮助革命等等。共产党对余少白已不再寄予希望了，只是将计就计，派了几个本地干部去把他们稳住。

这时，李特夫从达县专署搬来的部队正在南岳、大树一带大肆进行反共宣传，制造白色恐怖，恫吓当地百姓，情况十分紧张。

1948 年 2 月 6 日至 8 日，邓照明、王敏在大树王臣家里召开会议。邓兴丰、吕在和、王臣、杨春旭等 30 余人与会。会上讨论了时局和任务。大家认为，这时发动武装起义条件不成熟。但在反动派加紧镇压游击队的时候，与其坐以待毙，不如铤而走险。会议决定将人、枪集中起来，举行起义。将三支人马统一编为一个大队，下设三个中队，由王臣任大队长，邓兴丰、杨春旭等分别担任中队长，起义后将部队拉到东山或西山等群众工作基础较好的地区活动。

2 月 9 日，整编后的部队先后在南岳、大树两乡骚扰敌人。当晚，王臣派乡丁刘世荣、刘兴云等以送吕在和回家为名，把大树乡的枪弹秘密运回家中，按约定时间把队伍拉上山，驻在邓家槽一带，密切注视着敌人的动向。

2 月 11 日，李特夫带兵从麻柳回大树，见王臣已不在家，知道情况有变，便设法诱捕王臣。王臣避而不见，李特夫抓不着王臣，就马上调集保安队和县警察队各三个中队围住大树乡，吕在和防范未及，于 2 月 13 日被逮捕。

　　当天晚上，王臣率领游击队准备武装劫狱，营救吕在和。但是，李特夫增派防守兵，又在楼口架起两挺机枪，游击队无从下手，只得主动撤离。游击队上山后，李放六令保警大队长李征率领两个中队跟踪追剿，派杜星文保警中队协助进剿。整编79师某团马营，又从梁山杨家嘴往西开进，易营从大竹吉安场东进，南面川鄂公路有独立149旅向西开，北面达县驻有79师师部，敌军超过游击队兵力三十余倍，采取分进合围之势，企图一举歼灭游击队。敌人包围圈越收越紧，压缩了游击队的活动范围。

　　虎南大区从发动群众到组建游击队，只有3个月时间，因而工作基础较为薄弱，部队的政治素质和军事素质较差。纪律较为松散，对武装斗争信心不足，因此这支游击队战斗力不强。

　　邓照明带领部队活动在东山的邓家槽、周家山、黄家渠等地，等待战机，力争打个漂亮仗，以鼓舞士气，争取群众震慑敌人。他们曾三次设埋伏，均因情报不准而扑空。游击队只在东山、西山一个狭长的地带与敌人周旋。

　　李特夫分析游击队的情况：他认为东山地形复杂，竹林茂密，共产党的群众基础好，是游击队很好的活动地域，便带保安队与县警察中队前往封山，勒令所有农民3天之内全部搬出来，不准留下一点东西，否则，一律当作土匪枪毙。方圆四十里，顿时院空山荒，杳无人迹。游击队失掉了群众的掩护，只好转移到西山活动。

　　2月19日夜，游击队乘敌不备，从敌人守备薄弱的间隙中穿过，沿小路转移到千家山。当时，守卡的敌兵并未发现，县保安队和县警察队都以为是自己人，直到天亮之后，才知道中计，然而游击队已经远走高飞了。

　　游击队采取游击战术，在一个地方活动一两天，又转移别处，令敌人摸不着头脑，搞得晕头转向，叫苦不迭。游击队常常夜间行军五六十里，还要捕捉战机打击敌人。

2月28日，游击队转移到达县、梁山交界的李家坝，得到大树的情况，说次日李特夫将带领一个排从万家到大树。邓照明决定伏击敌人，活捉李特夫。当晚9时许，邓照明、王臣等率游击队轻装出发，次日凌晨3时到达大树的一个村，黎明前进入阵地。但因情报不确，从早晨到傍晚，仍未见到李特夫的踪影，游击队只得撤出阵地，向山下转移。

游击队白天行军，被大树的保安队发现，遭到袭击。游击队边打边撤，第二中队十余人迅速抢占了东山北段的小山头，用猛烈的火力进行掩护，将敌人击退，游击队迅速撤回山上。

经过一段时间，万家、大树、黄庭三股敌人渐渐合拢来。游击队请当地一位农民带路，撤出达县境内，从东山山麓向南撤，一夜行军70余里，回到虎城游击队活动区。

敌军以为游击队还在山上，严密搜索两三天，结果一无所获。游击队在虎城休整了两三天，部队进行了整编、调整，补充了战斗力。

这时，国民党79师尾随而来，他们威胁群众，声称："凡是供'匪'住房、吃饭的枪毙""凡知情不报的枪毙"，气焰甚为嚣张。不少农民和刀儿教头目，都劝游击队迅速撤离该地区。游击队员多是本地农民，思想上产生了退却和畏敌情绪，面对当前形势，对革命的艰巨性认识不足。为此，邓照明于1948年3月2日（正月二十二）决定，将游击队化整为零，分批撤离。

邓照明、王敏、邓兴丰、王臣、徐春轩等经黄庭水碾子、梁平张家洞、小峨眉山撤到大竹、梁山交界处的波旋河一带，在大竹石桥乡铜锣湾地区隐蔽下来。党员王运鸿已在这里建立了一个八九十人参加的农民翻身会。邓照明安排重庆等地来的20多名干部分散住在这里。以后，这些干部陆续转移到重庆、营山等地活动。

杨春旭、王继云等向开江边境撤离。行至麻柳大滩河时，被卡子山的敌兵发现，杨即开枪击伤守敌脱险，后来到了成都。王继云因道路不熟，被敌人包围。当只剩下最后一颗子弹时，神态自若，向敌人大声喊道："我王继云是外地人，为什么远离家乡来到这里？只是为了革命，为了千百万劳苦大众翻身得解放！国民党眼看要垮台了！士兵兄弟们，赶快觉醒吧，不要再为蒋介石卖命了！"接着，他满怀激情地高呼："中国共产党万岁！""革命胜利万岁！"最后举起手枪，向着自己的脑门扣动扳机，子弹射进了头部，壮烈牺牲。

邓照明将从虎南大区撤出来的其他干部，分别转移隐蔽在大竹、达县、垫江、梁山、忠县等未公开起义的地区。然后邓照明撤到重庆，准备向中共川东临委书记王璞汇报近三个月来的工作和起义失败的情况。

邓照明3月底到重庆，未见到王璞，见到了肖泽宽。邓照明简单地向肖泽宽汇报了第一工委武装起义失败的情况，又找到了从大竹、达县撤下来到重庆的40多位同志。4月初，重庆就出了大事……

9

"红旗"特务行动，
《挺进报》中招

　　《挺进报》原名《彷徨》，是公开的中共四川省委领导下的一种"灰皮红心"小报。1947年2月底3月初，国民党强令公开的中共四川省委和《新华日报》离开重庆，送回延安后，川东各地党组织失去了和省委的联系。重庆消息闭塞，谣言四起。蒋介石为了发动内战，掀起第三次反共高潮，就让特务横行，白色恐怖加剧，政治空气沉闷，地下党同志和革命群众看不到《新华日报》上的消息和人民解放战争的情况。这让许多人感到苦闷，有的乃至悲观失望。此时，原来办《彷徨》的几个同志蒋一苇、刘熔铸、陈然、吴子见等一合计，决定把《彷徨》继续办起来。他们从信箱中拿到一卷从香港寄来的新华社编的《新华社通讯稿》，上面报道了人民解放军在各个战场的胜利消息。他们如获至宝，于是把《新华社通讯稿》摘编刻印成油印小报，每次印几十份，在熟悉可靠的同志中传阅。以后每收到《新华社通讯稿》都照此办理。这份没有取名的《新华社通讯稿》油印小报，在地下党和进步群众中很受欢迎，引起了中共重庆市委的重视。市委派吴子见熟悉的刘国铥（当时的社会职业是四川省银行经济研究处的研究员，从事学运和民盟的工作）摸清了底细，然后由市委委员彭咏梧与他们联系上了。市委决定把这份小报作为市委的机关报，但需要改名。经大家讨论，定名为《挺进报》，将《挺进报》的机关设在南岸野猫溪、"中粮"公司机器厂修配车间，即陈然家里（楼下车间）。市委先是彭咏梧领导，吴子见做中间联络。1947 年 11 月，彭咏梧到下川东去组织武装起义，吴子见也跟去了。市委派常委李维嘉领导《挺进报》。在《挺进报》内部建立特别支部，刘熔铸任特支书记。1947 年 12 月 31 日，蒋一苇、陈然入党后，刘熔铸调走，陈然代理特支书记。《挺进报》于 1947 年 7 月正式出刊，八开版面，每期出二至三版，平均约两周出一期，从最初的 100 多份，以后达到千份左右。《挺进报》从创刊到 1948 年 4 月被破坏共出了 23 期。第 23 期印妥，尚未发出，即被敌人查抄破坏。

《挺进报》的发行分为三个时期。《新华通讯稿》时期发行量很小，只在少数同志中传阅。第二个时期，是对内发行时期，市委决定，另外组织力量收听新华社的广播新闻，并建立了"电台"支部，负责收听新华社的广播新闻稿并记录下来，供《挺进报》使用。具体由"建中电机厂"经理成善谋负责把记录电讯稿交给市委，再由市委转给《挺进报》蒋一苇和刘熔铸。版面扩大后，《挺进报》不仅载新华社的消息，也刊小言论，反映中共川东临委和中共重庆市委对地下斗争的指导思想。印数增加后，不仅重庆市内，川东各地也能看到《挺进报》。刘熔铸直接联系一批同志做发行工作。有的邮寄，有的通过地下交通传送，形成一个严密的发行网络。第三个时期，是"对敌攻心"阶段。1948 年初，中共川康特委书记蒲华辅到上海向钱瑛请示汇报工作。钱瑛有三条指示：一、加强统一战线工作；二、开展对敌攻心斗争；三、可以发展"特别党员"。春节时，这三条指示传达到川东临委。根据开展对敌攻心的需要，川东临委决定，《挺进报》改变发行方针，一部分在内部传阅，一部分寄给敌方人员，内容也作了相应改变。除报道人民解放军胜利的消息外，还针对性地增加了开导、警告敌特的内容。如4月12日出刊的第十九期上，就有《重庆市战犯特务调查委员会严重警告蒋方人员》的文章。

1947年底，重庆市委领导的另一个刊物《反攻》也纳入《挺进报》编辑。川东临委和重庆市委很重视《挺进报》这一斗争武器。《挺进报》被誉为小《新华日报》，每期出刊，地下党和进步群众都争相传阅，以先睹为快。合川、垫江等地，还专门组织力量翻印、再版，起到了宣传中央政策，传播解放战争胜利消息，报道解放区动态，揭露敌人、鼓舞自己的作用。

由于《挺进报》是秘密印刷，敌人找不到线索。1948年春，国民党重庆行辕主任朱绍良突然接到一封"亲启"信，打开，里面是一份《挺进报》。朱绍良大为震惊，中共四川省委和《新华日报》撤走后，重庆地下党还有这样大的活动能量！朱绍良十分恼怒地说："共产党在重庆这样嚣张，搞到我头上来了，这还了得！"他把行辕二处处长、军统特务头子徐远举叫到他办公室，狠狠训了一顿："你看看，你看看，共产党的《挺进报》满天飞，你们二处是干什么的？限期破案！"

当天，徐远举在"两种会报"会上提出研究。"两种会报"是由军统、中统、宪兵、警察等四方面组成的联合机构，专门镇压学运、工潮的组织。成员有徐远举、中统西南区督察徐政、宪兵二十四团团长沙吉夫、重庆市警察局长施觉民等，他们对《挺进报》作了分析，研究了对策。根据《挺进报》是寄发的，他们肯定这个地下刊物办在重庆市区或近郊。决定加强邮检，守住邮筒，搜索赤色书刊，侦察新闻界、文化界的左倾人士，注意民营报刊和书店；严密监视重要工厂和学校的工人、学生运动；特别进行"内线"布置，派遣"红旗特务"，设法接近地下党组织，争取从内部攻破。

朱绍良和行辕参谋长肖毅肃答应要钱给钱，要物给物，由二处处长徐远举统一调动军（行辕军官大队）、警（重庆市警察局）、宪（宪兵二十四团）的力量。从侦破《挺进报》入手，破坏地下党的核心组织。

民生路有一家私人书店叫文城出版社，地下党员陈柏林在书店做店员，他以前住江北"草堂国学"专门学校时，认识一个叫姚仿桓的学生，这人是军统重庆站渝组组长李克昌的通讯员。姚仿桓发现陈柏林带有《挺进报》，就立即向李克昌报告。李克昌叫他不要"打草惊蛇"，要"放长线钓大鱼"，同时派"红旗特务"曾继纲伪装成失业青年，以进步面目接近陈柏林。每天，曾继纲都到文城书店去看书，啃冷馒头。陈柏林通过摆谈，知道他是失业青年，思想还很进步，于是介绍一些进步书籍给他看，有时看书看到很晚不回家，陈柏林很同情他，叫他住进了书店。久而久之，陈柏林有时看《挺进报》也不避着他。曾继纲马上将情况汇报给特务李克昌，并发现陈柏林的老板"老顾"。敌特务还想扩大线索，继续伪装，但徐远举促其捉拿，军统重庆站站长吕世琨于4月1日在红球坝抓捕了"老顾"，接着又逮捕了陈柏林。

"老顾"即任达哉，原名任库伦。抗战时期在枣子岚垭中央印刷厂当工人，参加过进步工运，抗战胜利后，"中印"迁往南京，任达哉便失业了。经人介绍认识了李克昌。李克昌答应给他找职业，并填表发展他为军统通讯员。任达哉后来进入民盟机关报《民主报》做工务主任，并加入共产党，关系在中共四川省工运组。中共四川省委撤走后，任失掉关系。1947年"六一"大逮捕时，曾被捕，受到军统保护，放了出来。1947年9月，王璞到上海汇报，把任的关系带了回来，王璞把任的组织关系交给肖泽宽，肖又交给许建业领导。这时，任达哉到"中国汽缸厂"任会计，在许的领导下搞工运工作。任达哉被捕后供出他的领导人"老杨"（杨青，即许建业），并于1948年4月4日与老杨约定的接头时间，带领特务在磁器街嘉阳茶馆里抓捕了中共重庆市委委员许建业。

许建业被捕前在志诚公司做会计，被捕后，受到特务的刑讯逼供，但坚贞不屈。狡猾的敌人见严刑无效，派看守陈远德伪装进步骗取许建业的信任。许建业非常担心留在志诚公司的党内文件被敌人搜查，异常焦急。在被捕当晚，被看守陈远德的假进步所迷惑，丧失了应有的警惕，答应给陈一笔4000法币的送信费，托他转一封信出去。这封信是写给地下党员刘德惠的。刘是志诚公司的董事长，许建业请他到志诚公司宿舍把自己床下箱内文件销毁。陈远德拿着这封信立即报告给了特务上司。徐远举高兴极了，立即抓捕了刘德惠，包围了志诚公司，在许建业的床下箱子里搜出18位同志的入党自传，一张海棠溪的军事地图和一些工厂的情况资料及大批照片。许建业的这封信，不仅暴露了自己的真实姓名和住址，又造成了陈丹迟、余祖胜、皮小云、牛小吾、蔡梦蔚、雷志霞、潘鸿志、刘祖春等大批同志被捕。许建业得知受骗后，悲愤至极，以头撞墙自杀未遂。陈远德行骗有功，连升三级，由看守兵提升为少尉。

10

刘、冉叛变，重庆地下党遭殃

　　敌人破坏了志诚公司这个据点，知道许建业是个重要人物，派人埋伏在公司内继续守候。1948 年 4 月 6 日上午 9 时，刘国定带着涂绪勋去志诚公司找许建业。涂绪勋是武汉大学土木工程系毕业生、地下党员，准备分担许建业的部分工作。刘刚一迈进门，即被捕，被看押在许建业的办公室里。涂见刘许久没出来，跟着进去，亦被扣，与刘关在一处。两人趁特务因事走动，马上对好口径；涂扯别的事到志诚公司办事，与许建业没有关系，也不认识，口供没有破绽，两小时后获释。刘国定被押到行辕二处，搜出身上的物件，说明他是南岸牛奶场会计主任刘仲逸（即刘国定当时名），而志诚公司职员、工人却证明他是"黄先生"，与另一"肖胖子"（肖泽宽）常去找许建业，刘国定无法自圆其说，供认自己是刚入党的候补党员，并写了"自白书"，当晚转押至渣滓洞监狱。

4月8日，徐远举亲自提审刘国定，徐远举认为他知道许建业的真实姓名及住址。刘国定"顺水推舟"。徐远举老谋深算，既是交通，便追问为谁送过信。刘承认为许送过信给南岸海棠溪永生钱庄的余天和李忠良。余和李是大竹达县起义失败后撤到重庆的，与刘国定接上头，曾被通知转移，但还未走，也于4月8日被捕。

李忠良被捕后叛变，又供出邓照明、王敏、陈以文等虎南大起义地区30余人……敌人采取供出一个抓捕一个的办法，由邓兴丰牵出余永安，余永安供出"老张"（即冉益智）。

4月7日，中共川东临委委员肖泽宽从南温泉接头后回城，得知许建业、刘国定被捕，重庆地下党组织遭到严重破坏。立即进行紧急部署，向各方报警，安排撤退转移，并约定市委副书记冉益智、常委李维嘉于4月16日中午12时在北碚图书馆碰头，研究对策。冉益智15日打电话给余永安的妻子黄晓明，打听余的情况，并告之自己将到北碚。黄晓明又打电话转告余永安，哪知电话是特务在接听。16日，余永安带着特务到北碚，于上午9时在北碚街上逮捕了冉益智。肖泽宽和李维嘉久等不见冉益智，知道出事了，立即转移脱险。

冉益智被捕当天，在敌人刑讯下叛变，承认自己是市委副书记，供出已被捕的刘国定是市委书记，许建业是市委委员和已脱险的市委常委李维嘉，还供出北碚学运、沙磁学运、城中心和南岸学运负责人及部分党员。4月17日，敌人根据冉益智的指认，又逮捕一批地下党员。徐远举陪同国民党国防部保密局（即军统）二处处长叶翔之再次提审刘国定和许建业。许建业仍然横眉冷对，坚不吐实。而刘国定却保命叛变，承认自己是中共川东临委委员和中共重庆市委书记，供出了中共川东临委领导成员名单和市中区区委书记李文祥（李楚康）及其妻熊咏辉，"电台"支部程途、成善谋、张永昌，以及《挺进报》特支刘熔铸、陈然、蒋一苇和王诗维等。市中区委和"电台"支部是刘国定直接领导的，除程途事先转移脱险外，其余人均被捕了。

《挺进报》特支是由李维嘉领导的，刘、冉被捕后，李维嘉为了转移敌人视线，还布置《挺进报》突击了两期以转移敌人视线。刘国定叛变后，形势日益险恶，重庆待不下去了，要转移到成都，李维嘉行前写信用暗语通知陈然："近日洪水暴涨"示意他紧急转移，陈然于 19 日收到报警信，但迟疑未走，第二天即被捕了。王璞的交通袁尊一、肖泽宽的交通罗志德和王璞的妻子、临委交通左绍英先后在重庆、合川被捕，他们坚贞不屈，保守了党的机密，但川东临委此时处境更加困难了。据统计，这次事件导致的被捕人数达到 133 人，其中重庆 67 人，上下川东 41 人，川康 17 人，上海南京 8 人。其中叛变投敌当特务的有 8 人。

11

国民党逞凶，刘、冉升官

　　1947 年 11 月，王璞根据钱瑛同志的指示，建立起中共川东临时工作委员会，把工作的重点放在上川东农村，准备在适当的时候，发动武装起义，将队伍拉上华蓥山，建立游击根据地，搅乱国民党统治区的兵源、粮源，配合解放战争正面战场，拖住国民党在四川的后备军团，让人民解放军早日解放全中国。

　　1947 年 11 月，中共上川东地工委成立后，王璞兼任中共上川东地工委书记，并把机关设在广安，为了加强现场领导，王璞亲自坐镇广安，在县城北门外的拱桥院子租了几间屋子，又调原来的中共中央南方局提供物资的何忠发、段定陶及夫人到广安，以做疋头生意为掩护，住在同一个院内。为王璞搞交通的妻子左绍英也于 1948 年 3 月从重庆百子巷 150 号迁过来，以便掩护王璞的工作。

　　王璞，湖南人，是中共中央南方局指定的重庆地下党领导人。

王璞平时不苟言笑，对同志，对下属，在政治上要求十分严格。在一次汇报会上，王璞了解到有这么一名干部，生活上不愿艰苦，工作漂浮，致使本应完成的任务没有完成。王璞听后表情严肃，声音沉痛地说："怕艰苦又何必来革命。同志啊，愿你生生世世长生富贵家！"

这名干部听了，颓然地低下头，趴在桌子上，伤心地痛哭起来……确实，王璞不仅严格要求部下，自己也从未轻松地生活过一天。他为革命，长年辛劳奔波，才30岁年纪，黑黄色的脸上已经添了不少的皱纹，背也有些微驼，看上去像40岁左右的人了。吸起烟来，一支接一支，但很少吸进肚，他总是在思考问题的时候抽烟，烟从鼻孔里喷出来，也许是在思考问题的时候，需要提提神吧！

1947年秋，王璞将在城市暴露了身份的同志转移到农村，目的是适应农村武装斗争的需要，但有一个前提是必须和亲属中断联系。有个别人不理解，还有意见。例如胡作林，1947年6月1日被国民党逮捕，经党组织营救出狱，但特务并未解除对他的怀疑。有个"女学生"和他谈恋爱搞得火热。党组织通知他，要割断联系，立即转移隐蔽。他思想不通，怀疑党组织的决定是小题大做。在和"女学生"断绝关系时，总是藕断丝连。王璞知道后，当机立断地说："在这样严峻的时刻，不听党组织忠告，就是自动脱党！"果断中断了党组织和他的联系。不久，特务机关在"女学生"的配合下，再次逮捕了胡作林……

在狱中，胡作林非常后悔没听党组织的忠告，最后在重庆"11·27大屠杀"中，献出了自己年轻的生命，教训是多么深刻。

1948年3月的一个晚上，王璞在广安，听完第五工委委员杨玉枢关于"民联"的汇报后指示："广安的统战工作，你最熟悉，要进一步加强与上层统战人士的联系，对我们将来进行武装斗争有很大的帮助。"

王璞十分重视统战工作。他所领导的铜梁、合川、邻水、广安、岳池等县，他都安排适当的人选搞这项工作，由他直接掌握，做当地上层人士的工作。例如邻水，上层有两派明争暗斗。一派掌握了三青团，王璞就派进步青年张志刚（后入党）打进去，与原先打入三青团的党员秦渊、刘德修暗地配合，经过几年的努力，得到信任，掌握了该派的实权。他们常常利用三青团的名义打击顽固派，为地下党的斗争提供良好的掩护。王璞在邻水，就常住三青团的招待所，地下党的武工队除掉了护邻乡一个县参议员，国民党西南长官公署命令彻查。该派就在县参议会通过决议，把此案说成"桃色事件"掩盖过去了。

1948年3月第五工委委员杨玉枢肩负着中共川东临委书记王璞亲授的使命，以"民联川北分会"负责人的身份，风尘仆仆地赶到重庆，目的是想通过杨杰将军的关系，为华蓥山武装起义筹备武器弹药。

杨玉枢是1946年夏天认识国民党高级将领杨杰将军的。那年6月初，杨玉枢和聂士毅到重庆"志和总号"开正副经理会，遇到在杨杰身边工作的好友李挽澜和杜重石。杨玉枢从李、杜二人那里了解到杨杰将军曾任过国民党驻苏联大使。抗日战争胜利后，蒋介石一再要求他到南京，担任国民党军总参谋长，为他进攻解放区出谋划策。杨杰将军毅然拒绝了蒋介石的要求，而与宋庆龄、谭平山、陈铭枢、朱蕴山、王昆仑等发起组织了"三民主义同志联合会"。在中国共产党的统一战线的召感下，积极投入反内战、反独裁的民主运动。

杨玉枢认为，民联的斗争方向与我党是一致的，利用这个组织可以更广泛地开展统战工作，团结更多的人反蒋。于是经李挽澜和杜重石介绍，杨玉枢加入了"三民主义同志联合会"。

杨玉枢回到广安，立即把这一情况向谈剑啸做了汇报。建议在广安组织民联，他说民联组成之后，我们可以把它作为党的外围组织，再通过它去做地方实力派和各界头面人物的工作，更易于奏效，对争取国民党中间派，孤立国民党右派势力，扩大我党的影响很有利。谈剑啸很赞赏他的意见和做法，积极支持他发展民联组织。到1948年春，广安发展了民联成员近百人，组织起了"民联川北分会"，杨玉枢被推举为"民联川北分会"的负责人。

这次，他来重庆之后进出于杨杰下榻的石家花园，以"民联"广安领导人的身份向他汇报工作，反映情况。他说："国民党政府拼命抓丁、征粮、抽税，弄得人民怨声载道，民不聊生。广安地方势力之间的矛盾也日益加深，解放战争的胜利发展，促使更多的人倾向民主进步力量。广安河东的代市、观阁、桂花场，位于华蓥山的中部，山上树林丛杂，人马可以隐蔽，便于与敌周旋。此山北连大巴山，南饮长江水，逼视重庆，可进可退，只要有枪杆，就可以打游击，配合解放军正面战场进行战斗。现在，已经在沿山一带发动了很多贫苦的农民，进行抗丁、抗粮的斗争，准备揭竿而起，就是缺少武器。我们民联的同志中，有的当了乡镇长，掌握了一些枪支，但也缺乏弹药……"说到这里，杨玉枢停了停，随后请求杨杰将军帮助购买武器弹药等军用物资。

可是杨杰将军对在乡镇组织农民武装起义信心不大，而把希望寄托在策动国民党杂牌军的倒戈上，对帮助购买枪支弹药的问题，表示以后尽量支持。

杨玉枢回到广安，向王璞做了汇报。王璞指示他执行第一方案：策动地方实力反蒋。王璞说："你再去做谌克纯的工作，如果争取过来了，对我们是很有利的，必要时，我亲自找他谈。"

谌克纯在广安的代市、桂兴一带，很有势力，他曾在二十军里任过旅长。杨玉枢、吴奉昭、唐昆育（均为中共党员）、聂丕承（民联成员）等都先后做过他的工作。1947年底，谌克纯与地下党领导的"比时特"机器合股搞地下"兵工厂"。对谌克纯的统战攻势，已经有了良好的开端。杨玉枢抓住时机对谌克纯进行密谈。

"谌大哥，你干过旅长，跟蒋某（蒋介石）多年，你觉得此人如何？"

谌克纯略略一惊，两眼在杨玉枢若无其事的脸上盯了好久，然后才若有所悟地反问："老弟，你有何高见？"

杨玉枢莞尔一笑："这，你当然比我更清楚，现在，宋庆龄、杨杰他们组织的民联，就是号召爱国人士起来反对蒋介石的独裁统治，要求还我三民主义！"

谌克纯浓而短的眉毛皱成一团，手不停地在光滑的下巴上抚摸着，杨玉枢接着往下说道："原来许多人说共产党延安都守不住，还能打倒蒋介石？可是现在，共产党华东战场的孟良崮一战，把蒋介石最精锐的嫡系部队，整编七十四师 30000 多人一口吃掉了。师长张灵甫死了，蒋介石还哭过呢。谌大哥，要是你死了，蒋介石会哭吗？"

谌克纯脸上顿时一阵青一阵白，他略略沉思了一会儿，抬起头说："老弟，有话直说吧！"

杨玉枢忙站起来，向屋外扫了一眼，凑近谌克纯的耳边，压低声音说："我们民联也想拉一支队伍……"

谌克纯如释重负，叹了口气说："我这么大岁数了，不管他什么民联不民联，也不想再对草鞋作揖了哦，不过，你们的事，我姓谌的是不会作梗的！"

起义准备工作在紧锣密鼓地进行，杨玉枢对李朝钺的策反工作也在加紧进行。

县警察局督察长李朝钺是协和总社的副管事，与杨玉枢是酒肉朋友。一天，杨玉枢把李朝钺约到家里吃饭。饭后，杨玉枢若无其事地闲聊开了："目前的形势变化大哟！老弟，你的消息比我灵通，你看我们今后怎么办？"

李朝钺愣了半天，"你是说政局？哎，随波逐流吧！你我哪有回天之力！杨三哥，你说呢？"

杨玉枢不动声色地看了他一眼说："墙倒众人推嘛，不瞒老弟，这次我去重庆，杨杰将军还邀我参加他们的'三民主义同志联合会'呢。"杨玉枢伸出右手掌一翻，"这个，怎样？"

李朝钺看着杨玉枢这个动作和听他的话语，若有所悟，心里有点紧张，"到时候再说吧！"说完告辞走了。

形势的发展出人意料，正当杨玉枢准备进一步做谌、李二人工作之时，地下党重庆市委出了叛徒，党组织遭到敌人的破坏，川东各县地下党组织也受到影响，武装起义不得不提前举行。起义前的一天上午，杨玉枢来到广安县城隔河相望的新街，派人约李朝钺谈话。见面后，杨玉枢公开了自己的身份，说自己准备上山打游击，向李朝钺借枪。李朝钺当即解下身上的两支短枪递给杨玉枢，并说："你的事情，我已经知道了，上面追得很紧。你我兄弟之间，现在虽然各走一条路，但交情仍在。我是督察长，今后有事，少不了派我出来应付，我们若是碰到了，就朝天开枪，互不伤害，各走各的！城里的聂士毅、邹万楷我一定设法保护。"杨玉枢为了防备万一，没有暴露更多的党员。李朝钺回城后的当天，又将自己的一只土造手枪交给游击队员杨胜德，叫他转交杨玉枢。

不久，重庆行辕派二处特务漆玉林、雷天元按照叛徒供出的名单到广安搜捕中共地下党员。李朝钺得知此事，在万分紧急的情况下，将此消息传出，聂士毅和邹万楷方安全脱险。

国民党重庆行辕二处从侦察中共重庆市委领导的《挺进报》开始，国民党重庆的军、警、宪、特倾巢出动，在重庆及川东各地掀起反共高潮，特务到处抓捕共产党及革命进步人士，白色恐怖笼罩。

刘、冉叛变后，为了讨好敌人，保全自己，两人竞相出卖党的组织和同志。冉益智在下川东工作过，6月初，冉益智供出中共川东临委委员、中共下川东地工委书记涂孝文，和在下川东的党员干部廖模烈、高天柱、帅应文、赖德国、荀明善、颜昌浩等，并带领特务到万县，于 6 月 11 日（端午节）逮捕了涂孝文。涂孝文被捕后叛变，又出卖了下川东的主要干部杨虞裳、唐虚谷、江竹筠、李青林等 10 多名党员和领导以及中共宜昌特支书记陶敬之等，这些同志均被敌人逮捕。

同时，刘国定出卖了在上海的钱瑛及领导机关，供出了中共上川东地工委委员兼第五工委书记骆安靖、中共璧山特支书记张宇浓、党员白石坚、重庆的党员干部王丕钦、李铭三、陈为智、徐世荣、胡其芬、李玉钿和成都关系陈为珍、罗广斌等，又造成大批同志被捕，机关被破坏。还供出中共川康特委负责人"老郑"和"老马"。"老郑"即中共川康特委书记蒲华辅，"老马"即特委副书记马千禾（马识途），但却不知道他的真实姓名和地址，无法提供进一步的线索，他甚至还向敌人供出党的云南省工委书记郑伯克，但也说不出更具体的情况。

6 月 17 日，刘国定带着重庆行辕二处一个警卫排到上海、南京抓人。在南京，他受到国民党保密局局长、军统头子毛人凤的接见和奖赏。7 月，刘国定、冉益智被授予军统中校衔，以后两人又被委任为重庆行辕侦防处专员。

12

钱瑛平行领导，刘国定上海扑空

钱瑛同志从 1945 年冬担任中共中央南方局组织部长，1946 年初，钱瑛同志随在重庆谈判的中共代表团到了南京，住在被国民党特务严密监视的梅园新村。她作为中共中央南方局地下组织部长，在国民党统治区，一面坚持和谈，一面部署疏散干部。她自己也在秘密准备转移出来，以便继续领导国统区除上海和华南局管理的地区之外的地下党组织。

1946 年 10 月，钱瑛先叫从四川来上海以做茶叶生意为掩护的张述成同志用开办茶庄的名义租订房屋，布置机关。张述成是二战时期的老同志，过去曾在上海工作过，比较熟悉上海的社会情况，有应付各类人物的经验，所以选中他来完成这项任务。果然不久，张述成同志就在虹口区吴淞路三角地附近租订了一楼一底的弄堂房屋，在客堂间挂起茶庄的招牌。这时，钱瑛就派张文澄夫妇携 5 岁的女儿从南京梅园新村秘密出来，到上海与张述成同志会合，由张文澄担任茶庄老板，张述成任会计。

机关布置妥当后，于 1946 年 11 月，蒋介石开伪国大的前一周，钱瑛只身一人也从梅园新村秘密出来，乘晚上的火车到上海，以张老板嫂子的身份在吴淞路弄堂房子的茶庄里住下来。这样，茶庄有老板，又有伙计，有家眷，又有孩子，还真像"一家子"。钱大姐年长，又是领导，应当住得舒服一点，但是，按照她提出的意见，假戏必须真做。她是客居在这里老板的嫂子，只好屈居在亭子间，陈设就得简陋点，张文澄夫妇反而住在二楼的主卧间，有双人床铺、梳妆台，像个老板的样子。作为伙计的张述成，也只能在客堂间后面的小屋子里，安置一张单人床。

张文澄开始甚为不安，钱瑛严肃地说："这是秘密工作原则，必须遵守。"钱瑛还带着张文澄的夫人小林到理发店烫发，买上胭脂口红。她还给张文澄讲述生活、衣着方面的事，让张文澄夫妇尽快适应上海滩的社会生活环境。孩子叫钱瑛"姆姆"，当她从外面回来时，孩子总爱缠着她玩。她也很喜欢孩子，给她讲故事、跟她做游戏，其乐融融。

到了 1947 年 2 月，钱瑛确定没什么危险了，为了便于工作，她向张文澄一家说明"要迁去与上海局合署办公"。茶庄也告结束，完成了掩护钱瑛同志转移的任务。张文澄夫妇随后搬到武进路福生路的新住处。

钱瑛同志秘密转移出来，肩负着与上海局和华南局领导的地区之外的国统区的地下党组织保持联系的重任，但是尚未来得及与西南等地建立起双重领导关系（当时川、滇、康、黔地区归公开的中共四川省委领导）。当时蒋介石已下令强迫西南的中共代表团人员和在重庆的中共四川省委机关以及新华日报馆的人员全部撤回延安，准备正式翻脸，发动全面内战，同时妄图割断国统区地下党组织与中共中央的联系。此时，西南各地的党组织由于中共四川省委的撤走，都与上级领导断了线。

1947 年 3 月，钱瑛同志来到武进路福生路张文澄的新住处，问张文澄在中共四川省委机关工作时，可知道重庆党组织的关系。张文澄告诉她，1946年夏天，于江震同志（中共四川省委组织部长）曾约他陪同到陕西街老诚银行刘传蓉同志家里，与刘国定碰头。她要张文澄写封信联系试试。张文澄便用"贺明"这个名字给刘传蓉写了一封信说："大姐在上海过生日，盼你们能来祝寿。"因为刘国定、刘传蓉在成都时都认识张文澄，知道"贺明"是张文澄的党名，信上讲大姐，他们会知道是钱大姐。

不久，刘国定代表重庆地下组织来上海与钱瑛接头。第一次谈话即在武进路福生路张文澄的新住处。通过重庆党组织，钱瑛很快又与川西、川北的党组织负责人接上了关系。由于张文澄在云南工作过4年，离开云南时，交了几位同志的关系给郑伯克。这样，张文澄给郑伯克领导的林琛同志一信，请郑伯克同志来上海与钱大姐见面。不久，郑伯克亲自来上海接上了关系。

这样，钱瑛同志从1947年上半年起，就直接领导四川、云南、贵州、湖南、湖北的地下党组织，还委派干部分头领导从西南各地随单位复员到南京、上海、北平等大城市的一大批党员，完成了她在梅园新村的精心部署，与上海局、华南局一道，把国统区的地下党组织统一指挥起来。

钱瑛同志精心领导的方法，主要是抓平行作业和解决领导干部的指导思想。

1946年从西南各地随抗日战争胜利后随单位复员到上海、南京、北平等大城市的党员，按过去的习惯做法，应把这些党员的组织关系转交给当地的党组织领导。但是，钱瑛按中央和周恩来同志的指示，在这些城市另行建立领导机构，把这些复员回去的党员管理起来，与当地党领导的基层党组织进行平行作业，互相不打通横的关系。比如上海，她是分头指挥几位同志与复员的党员建立关系，把平行作业的方法告诉他们，要他们学习上海同志的经验，好好在群众中扎下根来。随着工作的开展，1947年7月，又将她指挥的几位同志组成青年工作领导小组，基本上把复员到上海的银行、工厂、学校、商业机构的党员管理起来，分别组成平行的支部或党小组，在各项群众运动中与上海当地党组织协同作战，并学习他们在各项斗争中的工作方法和经验。在国民党政府的中国银行、交通银行、农民银行和中央信托局的职员中开展"四行职工争取改善工资待遇的罢工斗争中，建立在中央信托局的平行支部，起了重要的配合作用"。

钱瑛这么做的理由是：这些复员的党员来自西南各地，与西南各地有着千丝万缕的社会关系。如果把他们完全交给上海党的各基层党组织，一旦西南哪个地方出事，就会波及上海，万一上海出事，也会波及西南。平行作业，则只在原范围内发生影响，不致波及很广。后来，刘国定叛变后，企图对上海地下党进行大破坏而未能得逞，证明钱大姐的考虑是正确的。

1948年6月17日，刘国定带着特务到上海，图谋逮捕钱瑛，破坏党的领导机关，但4月中旬，李维嘉已到成都，通过中共川康特委急电上海告警。而钱瑛早已于2月赴香港，在香港建立领导机关。留在上海的张文澄等见电即转移。刘国定和他带领的特务在上海扑了空。

7月4日，特务根据刘国定提供的情况，到广安抓捕了骆安靖和交通员马正衡，7月29日押到重庆。8月初，刘国定从南京回到重庆，对骆劝降，骆安靖叛变，出卖了中共第五工委委员谈剑啸、杨玉枢和下属两个特支的7个党员，其中5人被捕，两人牺牲，骆安靖参加军统，任侦防处少校专员。

13

血雨腥风，国统区白色恐怖

1948年7月，国民党军统特务从四川到上海、南京四处抓人，川东党组织受到严重破坏。

敌人对此自鸣得意，他们认为军统自1933年在四川建立以来，取得了三次大的成功：一是1940年的成都"抢米事件"捕杀中共党员20多人，是特务头子康泽干的；二是1941年至1942年第二次反共高潮中，破坏四川各县党组织，捕杀中共党员300人，是叛徒和特务头子康泽所为；三是《挺进报》事件，捕杀中共党员（不包括1948年10月以后被敌人杀害的）130多人，为特务头子徐远举主持。在《挺进报》事件中，除叛变投敌当特务的8人外，其余几乎全部被敌人杀害。

上川东是中共准备发动武装起义的重点，敌人对上川东，尤其是华蓥山周围各县加强了侦捕活动。刘国定叛变后，供出了中共上川东地工委的一些线索。1948年7月4日，重庆绥靖公署派出侦防专员漆玉林、雷天元按照叛徒提供的名单到广安抓捕中共川东临委书记兼中共上川东地工委书记王璞、地工委委员骆安靖等。王璞因外出未归，骆安靖在广安女中教书被特务抓捕，当天被捕的还有地工委交通员马正衡。杨玉枢得知这一消息后，当天即离开县城，到河东代市隐蔽。广安城区笼罩着漫天乌云。

骆安靖被捕后，杨玉枢在代市与谈剑啸碰了头。对敌人到广安抓人认为是孤立事件，准备派武工队在押解骆安靖的路上拦劫，救出骆安靖、马正衡，可是，敌人什么时候出发，往哪条路，是水路还是旱路都摸不清楚。正准备派人去摸清情况时，敌人已从广安东门码头包船，将骆安靖、马正衡押往了重庆。

为了不使广安地下党组织遭到更大的破坏，杨玉枢通知城厢特支和城厢青年特支的党员，以及在城内暴露了的同志全部撤到乡下隐蔽。

"情况十分紧急，必须立即组织力量，应付突然事变！"杨玉枢撤到三溪后，向联系的同志布置道。由于敌特活动猖獗，地下党的活动只能在晚上进行，常常送走最后一批同志鸡就叫了。

杨玉枢为了与上级党组织取得联系，带着杨胜德、彭汉清、陈再阳等5人前往沙湾接曾霖同志。在石桥，与前来送衣服的妻子龙文凤匆匆见了一面，又忙着找联络员刘光荣布置任务去了。第二天一早，又约请李朝钺在新街观音岩见面，县警察局督察长李朝钺是广安袍哥的哥们。杨玉枢任广安袍哥的三爷、红旗大管事，李朝钺是副管事，平时称杨玉枢三哥，私人感情不错。这次杨玉枢向李朝钺借枪，一来是想知道城里的情况，二来也确实需要用枪，自己的枪又没几发子弹。

见面后，杨玉枢公开了自己的身份，说自己准备上山打游击。李朝钺当即解下身上的佩枪，递给杨玉枢，并说："你们的事，我已经知道了，上面追得很紧。你我弟兄之间，现在虽然各走一条路，但交情仍在。我是督察长，今后有事，少不了派我出来应付，我们若是碰到了，就朝天开枪，互不伤害，各走各的！城里的聂士毅、邹万楷，我一定设法保护。"杨玉枢为了防备万一，没有暴露更多的党员。李朝钺回城后的当天，又将自己的一只土造手枪交给了杨玉枢的警卫杨胜德，叫他转给杨玉枢。又过了几天，杨玉枢回到广安城北临江会布置工作。来的是广安日报社的张正宣和杜文博，杨玉枢把张正宣和杜文博让进屋，压低声说："目前已经到了非常时期，重庆地下党被破坏了，叛徒出卖了整个川东组织，重庆已有大批特务来到了广安，你们要提高警惕，密切注意敌人的动向。你们暂时还没有暴露，要在城里坚持工作，随时与我联系。"说到这里他问张正宣："你家里还有枪没有？"

"城里没有枪，只有 700 发子弹。枪在乡下我叔父张德沛那里，我写信，你到他那里去取。"

"好的，你回去后立即把子弹送来。"他又侧过脸对杜文博说，"你立即去重庆，到杨杰那里一定想办法搞到武器、弹药，买好后立即通知我。""好吧，就这样，祝你们成功！""祝你顺利！"张正宣和杜文博同时握住了杨玉枢的手。

杨玉枢送走张正宣、杜文博后，他想，这一走，就不容易回家了，他多么想见见爱人和孩子们哪！于是，他让回家换衣服的彭汉清给龙文凤带个口信。

妻子龙文凤得知杨玉枢在北门外的消息，又惊又喜，心想，广安城乡特务密布，四处活动，扬言"要将共产党一网打尽"，他怎么竟跑到这儿来了呢？

为了避免引起敌人的注意和盯梢，她不敢将 6 个孩子都带去见他们的父亲，只抱着吃奶的孩子和 7 岁的茂华，装着哄孩子玩的样子来到临江会。她心情沉重，她以为杨玉枢的心情也一定不好，谁知见面时，杨玉枢与往常一样，谈笑风生，诙谐风趣。"哎，爸爸想你们哪！"杨玉枢一把拉过孩子，左看右看。"看，爸爸这副打扮，是要出家当和尚去啰！"原来杨玉枢已剃成光头，换上粗蓝布衣服，像个十足的农民。

他们欢欢喜喜地吃过午饭，临别时杨玉枢对龙文凤说："你不要担心，山上的力量很雄厚，重庆市委、川东临委都有领导和同志们在那里。我们还与合川、邻水、岳池、武胜、大竹等县的地下党和游击队取得了联系，广安一动，周围各县齐响应，胜利很快就会到来的！"他抬起头，望着妻子含泪的眼睛，喉头哽了一下，说道："革命是会有牺牲的，为了党和人民的事业，我已抱定牺牲的决心！"他看着孩子说："孩子是革命事业的继承人，要是我牺牲了，希望你无论如何要把孩子抚养成人！为我报仇，为同志们报仇！"龙文凤听到这里，鼻子一酸，泪水不住地往外涌，她抽泣着伏在杨玉枢身上，以免哭出声来。但她又想，这不是哭的时候，便止住泪说："你放心去吧！"话音未落，鼻尖又一阵酸楚，眼泪又夺眶而出……

杨玉枢一面安慰妻子，一面把孩子紧紧地抱在怀里，亲着孩子白嫩的小脸蛋说："小乖乖，爸爸为你们谋幸福去了，你们将来一定比我好，可得争气呀！"他把孩子交到妻子手里，道声"我们各自珍重"，转过身，头也不回地走了。

14

罗渡紧急会议，华蓥山武装暴动

　　刘、冉叛变后，敌人更加疯狂地抓捕中共党员和革命群众，在重庆，军、警、宪、特倾巢出动，警笛一响，让人心惊胆战，又有同志被捕了。这段时间，敌人的警车不分昼夜地鸣笛，大街小巷早早地关门闭户，民众不敢出门，整座山城里白色恐怖像迷雾一样罩在人们的头上……

　　7月初，大批特务前往广安，按照叛徒刘国定提供的名单，前来抓捕中共川东临委书记王璞及中共上川东地工委委员骆安靖等人。此时，中共川东临委书记王璞在外检查工作未在广安县城。7月4日上午9时，特务分成三个组出动，一组前往新南门外，一组到北门外，一组到广安女子中学……

　　新南门外南园茶馆，马正衡正在续水烧茶，突然闯进来两个大汉，马正衡一怔，"客官，请里面坐！要喝什么茶？"二人走到马正衡面前问道："你就是马正衡?"两人立刻掏出手枪，对着马正衡说："跟我们走一趟!"吓得茶客纷纷离座而逃,特务把马正衡押上了停在路边的黑色轿车,飞奔而去……周围的群众惊问道："马经理为啥被捕了?"有人马上将此情况告诉了杨玉枢。到北门外的特务没抓到王璞,把段定陶的女人闫家凤押到县特委会盘问。闫家里有个三岁的孩子,敌人问她,她装作一问三不知,她说："我男人在外做生意,我带孩子、买菜、煮饭,别的什么都不知道。"特务见问不出什么东西,又是个乡下带孩子的妇女,只好放了她。骆安靖正在女中上课,特务派人把他从课堂上叫了下来,两个特务一拥而上,骆安靖被捕了。特务怕日久生变,加紧刑讯逼供。马正衡被敌人打得遍体鳞伤,但始终咬牙坚持,坚贞不屈,只说什么也不知道。敌人无可奈何,过了两天,他便与骆安靖一道被押往重庆,关进了渣滓洞监狱。骆安靖被押到重庆后叛变,刘国定又去劝降,这样,供认了自己是中共上川东地工委委员,并出卖了第五工委委员杨玉枢、谈剑啸、丰炜光等。重庆二处特务郝崇斌探知姜玉伯与段定陶、何忠发有生意往来,便指使广安特委会秘书罗孝农进行追查。罗软硬兼施,迫使姜玉伯说出了段定陶的身份,并交出了存放在他家的地工委经费黄金9两。敌人用了灌辣椒水、坐老虎凳等各种酷刑,段定陶仍坚贞不屈,未暴露组织,敌只好将段定陶、何忠发押往重庆,关进了渣滓洞牢房。

王璞在返回广安县城的路上得知骆安靖、马正衡被捕的消息后,估计局势还会进一步恶化。前期与肖泽宽、邓照明讨论起义时间,一直没定下来,现在又遇到特务来广安捕人,如果照这样下去,多少党的同志会被捕入狱,又有多少人头要落地!王璞当机立断,折回岳池罗渡,在共产党员伍俊儒家里,召开七、八工委紧急会议。曾霖、徐庶声、刘石泉、杨奚勤、蔡衣渠、徐也速等参加了会议。王璞指出:敌人已逼在眼前,与其等待特务来破坏党的组织,不如提前武装起义,主动出击,有效地打击敌人。不起义,就会束手待毙。只有提前起义,打击敌人,武装自己,才能保存党

的力量，才能建立党的游击队，才能牵制国民党的兵力，策应解放军入川
……会议决定，上川东各工委领导的地下武装力量组成"西南民主联军川
东纵队"。政委王璞，曾霖负责军事，各工委领导的武装分别组成支队，支
队番号以工委番号为序。工委书记任支队政委，以懂军事的同志担任支队
司令员。

王璞指出：广安的工作基础较好，应首先在广安的代市、观阁一带发
动起义，岳池、武胜、合川、渠县、达县、营山的武装力量做好准备，一
旦广安打响，其余各县要积极响应、配合，要像放鞭炮似的在各县打响武
装起义的枪声，高举武装起义的旗帜。当敌人晕头转向、惊慌失措时，再
把各地的武装力量汇集起来，拉上华蓥山建立游击根据地。本来他想亲自
去广安布置行动，但因身份已经暴露，不便前往，便派杨奚勤去广安、渠
县等地传达这次会议关于提前举行联合大起义的决定。

华蓥山，地处四川盆地东部，是长300多公里的深丘岭谷地带，属亚热
带湿润季风气候。这里，春、夏、秋、冬四季分明，气候各不相同，主峰
高登山，海拔1704米，是华蓥山最高峰。山上峰峦重叠，树木茂盛，竹树
杂生，林间荆棘丛丛，青藤盘绕，密无路径。山涧里流水潺潺，山顶时常
细雨蒙蒙，云雾弥漫，景色十分秀丽。

华蓥山周围以广安、邻水、大竹为中心，周围有岳池、武胜、合川、
江北、铜梁、渠县、营山、南充、垫江、梁山等十多个县市，在20世纪40
年代被称为上川东，与东北方向的秦岭山脉，形成一纵一横的山脉走势。
华蓥山自然形成三山两槽，北接秦岭山脉，南至重庆。山区交通闭塞，水
路仅有渠江，从渠县而下到合川与嘉陵江交汇，再流入长江。陆路只有渝
汉公路从重庆经邻水到汉中。这里便是解放战争时期川东地下党领导的华
蓥山游击队的根据地。

华蓥山的人民，一代一代在这里过着农耕生活，虽然闭塞、落后，但

时代气息却脉脉相连，仍然会受到全国革命浪潮的冲击。大革命后期，华蓥山从北到南的达县、邻水、广安、合川等县，已开始建立中国共产党的组织，传播马克思主义的革命思想。从那时起，这个地区曾此起彼伏地爆发过多次革命武装斗争。

1926年夏，岳池县曾发生过共产党员与进步人士联合反对军阀罗泽洲的"军团斗争"。这年5月，同盟会会员、县团练局长陈徙南在华蓥山麓的黎梓卫（现中和乡）召开附近48场团总会议，提出"打倒军阀罗泽洲，实行地方自治"的主张。组成"川北民军"，由陈徙南任司令，共产党员廖玉壁率资马十二场民团参战，与军阀罗泽洲的部队激战3个多月。因势单力薄，未取得胜利。

1931年冬，中共岳池特支书记金化新又派共产党员罗方域、刘汉民、廖玉壁等前往华蓥山，发动武装斗争。廖玉壁在罗渡乡魏家沟等地组织农民50多人，建立起党领导的游击队，教育改造了一部分"劫富济贫"的土匪武装，在余家场、文昌寨、长生寨等地进行过多次反对军阀杨森的武装斗争，坚持了三年多时间。后来，金化新、刘汉民、廖玉壁先后在广安、岳池等地被杨森杀害，斗争才被迫停止。

1931年秋，四川省委派蔡奎等回到梁山、达县边境的虎城、南岳、大树等地，再度建立起游击队。这支游击队在王维舟的领导下，接应红四方面军入川，史称川东游击军。

抗日时期，在华蓥山西麓的广安代市、天池一带，地方实力派郑启和曾武装反抗蒋介石。郑启和是老同盟会会员，川军熊克武部师长。大革命时期，他在广州被蒋介石缴了枪，气愤之下，离开了国民党军队。在上海当了几年寓公，30年代回到广安，在华蓥山开办纸厂、煤矿和兵工厂等实业。在他管辖的地区，不向国民党政府交粮、交税，不准乱抓壮丁。农民下地干活都带枪自卫。因此，很得当地农民拥护，在当地形成一个比较开明的割据地区。

皖南事变后，中共中央南方局利用郑启和与蒋介石的矛盾，对郑启和进行统战工作，以便在必要时有一个安全地方疏散机关工作人员。周恩来在重庆时，曾派地下党员张兴富、周剑南等以科技人员面貌去帮助郑启和办实业。张兴富等去后，对兵工厂枪支淬火发蓝、炸药配制等提出改进意见。郑启和抗丁、抗粮、抗税、办厂，引起蒋介石勃然大怒。1941年夏，蒋介石派孙元良、邓锡侯的正规部队和保安团、新九师等共几万人，将郑启和团团围住，边谈边打，最后激战数天，把郑启和逼到一块稻田里，由于孤军无援，郑启和拔枪自杀而亡。中共中央南方局派去的几名干部，在冲突发生时，立即撤出，安全地回到了重庆。

蒋介石发动内战后，加紧征粮派款，疯狂地抓丁备战。当时报刊登载：合川县785个保，1947年规定每个保送自愿壮丁1名，另外抽签165名，全县要送交壮丁新兵950名。广安县更是不择手段，在县城万寿宫广场，以放免费露天电影为名，诱捕壮丁，一晚上拉走100名左右。很多地方，拉兵扰民十分紧张，乡民日夕数惊，年轻人不敢在家住宿，往往青年人三五成群，终日守望，还有的身藏短刀，以备被抓兵，造成田土荒芜，无人耕种。据1月25日大公报载四川征兵惨象：每值夜深人静，常有鸡鸣犬吠，妻啼子哭之声，杂乱而来。乡民纷纷逃往他乡避难，有为生活所迫而沿途行乞者，啼饥号寒，惨不忍言。这种现象，遍及国民党统治区，逼得老百姓上天无路，入地无门……

1947年夏天以后，国内形势发生了重大变化，一方面是人民解放军的节节胜利，一方面是蒋管区人民民主运动风起云涌。蒋介石政府已处于两条战线的包围之中，大厦将倾，这为华蓥山武装斗争提供了有利条件。

华蓥山整个山区，小路崎岖蜿蜒，这样的山区，比较有利于开展武装斗争。

中共川东临委决定发动华蓥山周围各县联合大起义时，地下党组织已在这一带组织和武装了一大批农民群众，形成了几个力量较强的据点。广安的观阁和代市、武胜的三溪和真静、合川的金子沱、渠县的龙潭、岳池的罗渡、伏龙等地形成了地下武装的集中点。

1948年1月，中共上川东第五工委在广安建立后，广安党组织有了极大发展，到1948年7月，党员发展到400多人，党在许多乡保建立了"生期会""姊妹会""利群社"等秘密的群众组织，外围群众达5000人以上。在发展壮大党组织的同时，开展了抓基层政权，抓秘密武装，抓统战工作，发动了以抗丁、抗粮、抗税为中心的"三抗"斗争。1947年至1948年，基层43个乡镇，有9个控制在地下党员手中，在共产党员邓致久、王兆南的观阁煤矿集中建立了武工队，杨玉枢还在上层县一级袍哥组织中以红旗大管事的身份，做了地方实力派的统战工作。1948年春，大竹陈尧楷带领的游击队，在当地暴露后，被中共川东临委书记安排到广安天池一带，增强了广安的武装力量。

武胜三溪乡是原北碚中心县委书记蒋可然的家乡，早在抗日战争末期，蒋可然就派其弟蒋怀瑾回到家乡抓乡保政权，积聚革命力量。蒋怀瑾回乡后，积极开展统战工作，通过关系，先后在三溪小学担任主任、校长、联保主任等职。后来，王璞派蒋可然回乡，通过蒋怀瑾的关系，将蒋可然夫妇安排在三溪小学任教。趁国民党搞假选举之际，积极抓乡保政权，让统战对象蒋至元当上乡长后，蒋怀瑾担任了乡民政所长，掌握了三溪乡5个保的政权和枪支弹药。

1947年夏，中共重庆市委先后派罗永晔、付其燮、刘瀛州、李维容（女）等外地干部来到武胜三溪乡，加强力量，成立了中共三溪支部，由罗永晔任书记，蒋可然的夫人刘文涛任组织委员，蒋可然任宣传委员。1948年1月，成立了武胜特支，纳入蔡衣渠的中共上川东第八工委领导，积极开展农民运动，准备武装起义。以三溪为中心的武胜、岳池边境，地下党掌控了三支武装力量。一是蒋怀瑾控制的乡保武装，将枪支掌握在"农民翻身会"会员手中。二是新场乡的武装力量，1948年春，第八工委派邓惠中（女）、罗仁杰等在这里发展了一批党员，党员秦来鹏、曹文翰、邓良成分别担任正副保长、保队副和干事。暗中发展"生期会""青年会"等，会员达200多人，掌握步枪50余支。三是岳池县高垭、白庙、杨柳等乡的武装力量。蔡衣渠、曹文翰、罗禹乔（即罗汉祥）、杨明泉等在这一带发展的党员掌握的枪支武器。

合川金子乡和武胜三溪乡毗邻，位于嘉陵江畔，是地下党长期扎根的根据地。1944年秋，在江北崇敬中学教书的地下党员陈伯纯，按照中共中央南方局组织部于江震同志关于建立"两面政权"的部署，回到金子乡，利用他的家庭社会关系，开始担任小学校长，后又当上金子乡乡长。为了增强两面政权的控制，党组织又派刘石泉到乡公所当"师爷"（文书），张伦等到金子乡工作，建立了党的特别支部，后又发展了一批党员。到1947年，金子乡许多保建立了秘密农会组织，通过办夜校、抗丁、抗粮，提高了群众觉悟，建立起地下武工队，控制着乡保武装。

1948年2月，中共岳池县第七工委建立后，到起义前，党员已发展到200人。建立了河东、河西、肖广、邻水西区等4个区委，罗渡尚用中学和金子沱两个特支。区委、特支组建了小型武工队，为大规模武装起义培训了军事干部。

河西区委，设在罗渡姚市桥，组织了农会积极分子50多人的武工队，其中包括秦耀的绿林队伍。工委书记徐庶声会同区委书记伍俊儒，将武工队隐藏在姚市桥周围进行整训，同时，中共川东临委派曾霖到姚市桥传授游击战术和战地救护等基本军事知识。河东区委设在岳池中和乡，书记为李辉，委员为李成，阳和支部由区委委员袁念之兼支部书记。伏龙乡党支部领导的一支队伍，是由第七工委副书记刘石泉，工委委员杨奚勤和伏龙乡张蜀俊亲自建立起来的。中共党员乡长张蜀俊以扩充乡丁为名，把农会会员组织起来，配备武器，机枪两挺，手枪10多支，步枪30多支，并在乡公所碉楼内建立了枪械修理工场。

1947年夏，渠县特支派共产党员杨鉴秋到龙潭山区开展工作，她住在姐夫邓如贤家里，以走亲戚、"串门户"为掩护，往来于狮子头、丁家湾、广子坝等地，秘密进行革命宣传，组织"农民自救会"，领导农民开展"三抗"斗争。杨鉴秋先后发展了邓如贤、宁中和、付金才等农运骨干入党，成立了中共龙潭支部，由杨鉴秋任支部书记。在党支部的领导下，"农民自救会"发展很快，但也暴露了杨鉴秋，上级党组织将杨鉴秋转移到清溪乡掩护，另派由重庆来渠县的范硕墨到龙潭担任中共临巴区委书记兼龙潭支部书记。毗邻龙潭的三汇、临巴、李馥、卷洞、土溪以及达县的一部分地区，也建立起了地下武装……

起义前，中共上川东地工委对华蓥山周围的地形地貌进行实地勘察了解。1948年4月，刘石泉到华蓥山宝顶附近，观察地形，绘置地图。曾霖、余行健等在广安天池、高顶山一带观察地势，余行健望着眼前的莽莽大山，赋诗一首："勒马华蓥巅，翘首望青天，中原正鼎沸，举事在眼前。"

在华蓥山周围各县工委积极准备武装力量的同时，重庆地下党为华蓥山起义提供了收发报机，培训了报务员和译电员。党组织派陈明学习收发报，戴国惠（女）学译电。他两很快熟悉和掌握了技术后，于1948年初，佯装回家探亲，从重庆坐滑竿到邻水幺滩，再转广安，收发报机和手摇发电机由武工队员化装成商人，秘密运到邻水后，遇到检查哨，才改道运往别处隐藏，没有运到广安。

15

广安代市、观阁起义

敌特步步紧逼，中共川东临委面临被敌人一锅端的危险。罗渡会议后，起义迫在眉睫。王璞顾不得杨奚勤新婚，派他到广安传达中共川东临委提前起义的命令。

杨奚勤刚结婚5天，为了革命，他不得不离开美丽的妻子，去执行任务。夜，是那样宁静而安详，皎洁的月光洒满大地，渠江两岸的山峰也进入了沉睡的梦乡。江岸上，杨奚勤和新婚的爱妻手挽着手，肩并着肩，缓缓地在江边走着。他要向妻子告别，即将走上战场却依依不舍，虽难以启齿，但他不得不说："光国，今天的离别，可能是暂时的，也可能是永别……革命难免要流血，为了祖国四万万同胞的幸福生活，就是我牺牲了，也是值得的呀！"

杨奚勤话未说完，妻子一头偎依在他的身上，抽泣起来，泪水湿透了杨奚勤的胸襟。她哭着说："奚勤哥，你去吧！我决不阻拦你去革命！我等着你，我永……"她再也说不下去了。杨奚勤轻轻地抚摸着妻子乌黑的长发，凝视着妻子丰满漂亮的脸，心潮起伏。起义就是命令，他再顾不得儿女情长，他忍着心痛离别了新婚的妻子，消失在渠江的夜色之中……

杨奚勤来到广安，直奔地下联络点——广安北街聂士毅的家里与地下组织接上了头。第二天晚上，杨奚勤与广安地下党第五工委委员杨玉枢、谈剑啸、余行健、胡正兴等人在三溪乡地下党员张文翠家里，召开了紧急会议。

杨奚勤在会上传达了在罗渡召开的中共川东临委紧急会议精神。他说："目前的形势十分紧急，为了保护广大已经暴露了的中共党员的生命安全，只有发动武装起义，把队伍拉上华蓥山，用武装反抗国民党特务的横行，保护地下组织不受破坏。临委决定：华蓥山周边的县立即起义。"他说："广安地处华蓥山腹心地带，党的力量较强。特别是代市、观阁两地，群众基础好，建立了地下武工队，因此，首先在代市、观阁两地发动起义，提缴敌人的武器，扩充武装力量，然后拉上华蓥山，建立游击根据地。"并宣布：整个川东的武装起义队伍，对外称"西南民主联军川东纵队"，以工委顺序，广安编为"西南民主联军川东纵队第五支队"，由杨玉枢任第五支队司令员，谈剑啸任政委。

会后，杨玉枢、谈剑啸等在代市镇贺天泽家里对两地起义进行了具体部署。决定：支队下设两个总队，代市为第一总队，由谈剑啸任总队长兼政委；观阁为第二总队，邓致久任总队长，陈伯纯任政委，张德沛任参谋长。预定于8月12日，在代市、观阁两地同时发动起义。起义后，两支游击队在华蓥山打锣湾会师，把队伍拉上华蓥山。

谈剑啸起草了《告全县人民书》，代市艺文中学教师吴文烈刊刻了"西南民主联军川东纵队第五支队"印章。

会后，谈剑啸、杨奚勤留在代市，杨玉枢、陈伯纯回观阁，分头进行准备。

代市第一总队准备起义的有300余人，有枪200余支。8月10日上午，中共代市特支书记丰炜光突然被重庆上来的特务逮捕。这一突然事件让谈剑啸措手不及。谈剑啸认为，起义的事可能暴露，起义时间可能泄露，谈剑啸来不及细想，决定提前两天行动。当晚，他通知附近几个乡的武工队员在离代市五里的王家烂坝集中。他们详细研究了作战方案，决定由秦华带一支武工队堵住镇公所大门，由观阁郑修迪带人击毙代市镇长谢相勤，然后冲进镇公所提缴武器。10日黄昏，秦华带领两个助手到代市镇上执行任务，见谢相勤和他的警卫在一家商店门口。秦华对准谢相勤开枪，只听"叭"的一声，只响了火皮，他又补了一枪，仍只响了火皮，谢相勤趁势倒下，额头碰伤。谢相勤的卫兵与秦华对打，被秦华击毙。谢相勤慌忙逃进镇公所里。

秦华不便久留，立即撤出代市，到王家烂坝向谈剑啸汇报。谈剑啸严肃批评他过早暴露了目标。已经打草惊蛇，被迫把队伍拉上山，将总队缩编为一个大队，由谈剑啸兼任大队长，下设三个中队和一个警卫队。11日，游击队派熟悉内情的队员王化学、王化常等去缴地主王清春的枪，但王已躲进碉楼里。王化学等发现王清春的父亲王官合正在吸鸦片，急忙将王官合抓起来，押到碉楼下面，逼他叫儿子交枪。王官合战战兢兢地喊："清春！他们什么都不要，只要你那几支枪，快丢下来吧！不然脱不到手！"这样，起义军一枪未发，就缴获了手枪4支，冲锋枪1支。接着，又去缴了地主方劲明、王炳烈的枪，共缴获手枪11支，冲锋枪、马枪各1支。

早饭后，游击队由曾霖、余行健、谈剑啸、杨奚勤等带领，向华蓥山进发，按计划到广安、邻水交界的打锣湾，与观阁起义的游击队会合。晚上，到了蒋家垭口宿营。这时，广安县自卫队中队长游大成带一个中队的兵追来，与游击队相距约两里地，游击队侦察到敌人的情况后，于8月13

日黄昏，避开敌人追剿，转移到天池乡。晚上，派卞大顺、李云章去观阁，与邓致久的观阁游击队联系。哪知途中被邻水警察中队抓住，暴露了游击队的驻地。8月14日晨，邻水县警察中队向游击队追来。岗哨发现后，立即向谈剑啸报告。当时，敌人用机枪封锁了出口，游击队推倒土墙冲了出去，向敌人猛烈开火。打死打伤警察中队数人，敌人败退下来，游击队趁机向桂兴乡密林中转移。在山上住了几天，附近没有农家，没有粮食。曾霖、谈剑啸、杨奚勤研究桂兴不能久留，还是派人下山去找王璞。此时王璞已不在广安了，没有找到，又与观阁起义的游击队联系不上。17日，游击队便下山转移到原来的代市地伏龙、龙山寨一带，避开了敌人的追击。杨奚勤由中队长谭国平护送，经天池乡回到岳池，领导岳池伏龙起义。

游击队在转移途中，队员朱开顺、朱文泽二人被三台乡公所抓住。消息传来，游击队为了营救这两位同志，派党员段执中去三台乡侦察。段执中以上街买草鞋为掩护，到乡上侦察，发现朱开顺和朱文泽被绑在乡公所的柱子上。游击队即派地下党员曾永兴带8个队员去营救。他们趁天黑出发，半夜包围了乡公所。乡丁发现开枪射击，曾永兴虚张声势，高喊："一、二中队冲！三中队跟上去！"发动猛攻，冲进了乡公所。乡丁吓得爬墙而逃，被捕的朱开顺、朱文泽趁机将绳子割断，冲出乡公所，回到了游击队。这次袭击还缴获了两支冲锋枪、三支步枪。

战斗结束后，为了避开敌人，游击队由曾霖、谈剑啸带领20多个游击队员，撤退到曾永兴的家乡——永兴乡。永兴乡公所听说游击队到永兴了，立即派人到广安县政府告急。

8月27日，广安县政府派自卫队队长兰东书带领全队100多人，前往永兴乡清剿游击队。游击队得到消息后，在永兴、禄市、三台三乡交界的岩湾设下埋伏，作了战斗准备。当兰东书的自卫队走近游击队的埋伏圈时，游击队一齐开火，敌人仓皇应战，调头便逃。

县自卫队吃了败仗，不敢再追，乱打了一阵枪，回城去了。几天后，广安县政府又命令永兴、三台、禄市、回龙等乡保丁，由永兴乡长谢南田带队，于9月2日去偷袭谈剑啸带领的游击队。在离游击队驻地约3公里的地方，忽然来了一个农民，谎称："快跑，游击队来了！"乡丁举枪就开了一枪，三台、禄市、回龙的乡丁听到枪声，立即开枪乱打一气，过了一会儿，未见游击队的踪影，才从梦中惊醒，原来是自己人打自己人，都互相咒骂起来："龟儿子，把老子吓死了，以为游击队来了，原来是你几爷子在搞鬼！"

游击队转移到代市附近，谈剑啸、曾霖、曾永兴等开了个会，觉得游击队只剩下二十几个人了，与观阁起义的杨玉枢、邓致久又联系不上，这样一支二十几个人的队伍，被县自卫队、乡保丁追来追去，又没有个落脚之处。决定化整为零、分散活动。由曾永兴带几个人到永兴、禄市一带活动，秦华、秦兴富等到龙台、大有一带活动，谈剑啸、宋廉嗣等到渠江以西的东岳乡活动。不久，他们与渠县党组织接上了头，在广安、渠县交界的边境活动。曾霖、余行健在代市住了一段时间，便在梭罗搭船，转移到重庆去了。

原定一、二总队同时发动起义，现在，一总队因8月10日丰炜光被捕被迫提前行动，又因秦华擅自行动，惊动了敌人，起义未能成功。第二总队此时也发生了变化。邓致久是总队长，他此时想通过协议，提取观阁镇的枪支。就在前两天，杨玉枢手书"集结力量，待命行动"，要求广兴、观音阁、龙滩子、大良、小井沟等地的武装队员做好战斗准备。杨玉枢果断命令观阁总队于11日晚上围住观阁镇，待机行动。

杨玉枢调兵遣将，11日夜，由300人组成的起义队伍迅速向观音阁靠近……

离镇半里地的玉皇观里，全副武装的突击队员拥立着正中的杨玉枢，灯光下，坐在下首的观阁镇镇长金有亮面色苍白，正在进行兵临城下的谈判……

在杨玉枢炯炯目光的逼视下，金有亮装出一副惶恐的样子，赔着笑脸："你们要的枪，全在镇公所，来取就是了，我金某一定如数奉上。"

杨玉枢和邓致久一起站起来，"那好，一言为定！我们的人一到齐，鸣枪为号！"

金有亮起身，双手抱拳"行、行！"退出门，一阵风似的溜走了。

这时夜色更浓了，淡淡的月光，不时隐没在云层里。杨玉枢发出命令：龚廷海带一队人堵住普子垭口；王兆南派一个队埋伏在观阁猪市梁子；胡正兴带一队人监视代市方向的敌人；郑修迪带10名手枪队员去街上侦察，邓致久、王兆南二人直接到金有亮家，行动开始！

邓致久是原观阁镇的镇长，对镇上的情况较熟悉。邓到了金有亮家门前，久敲其门，无人应声，知道情况有变，立即回玉皇观报告情况。

原来，金有亮用的是"金蝉脱壳"之计，从玉皇观脱身回家后就变了卦，将镇公所的人枪全部撤走了。

杨玉枢闻报，知道中了金有亮的奸计，急令队伍撤出观阁镇，在撤退时，武工队员枪走火，惊动了敌人，敌人在观阁后面的大岩寨向街上的游击队射击，双方展开激烈的枪战，"噼噼啪啪"的枪声震动了夜空。这时，镇公所的大门打开了，镇丁藏头缩颈地钻出来，游击队员郑维昭等开枪射击，将敌人压了回去。由于金有亮耍两面手段，缴枪计划落空。于是，指挥部通知包围观阁镇的几支游击队撤出战斗，向小井沟撤退。这时，天已微明，队伍在小井沟吃过早饭，就立即拉到山上鱼塘凹进行整编。

因夺取观阁镇武器落空，整编时，杨玉枢便动员无枪的战士暂回家隐蔽，以减少目标。其余200人枪编成一个大队和一个独立中队，王兆南任大队长，陈尧楷任独立中队长。这时，向杰栋带着蒋登银、向道合、程忠瑛、潘炎、龙天汉、肖劲芳等赶来，杨玉枢将向杰栋带来的十几个青年学生编为警卫中队，向杰栋任中队长，跟随队伍行动。杨玉枢站在一块石头上，扫了一眼经过整编的队伍。王兆南站在队列前，喊着口令：立正！向右看齐！稍息。顿时，闹嚷嚷的队伍安静下来，望着杨司令员。王兆南背转身，向杨玉枢敬了一个军礼，请杨司令讲话。杨玉枢用力清清嗓子，激动地讲："同志们！我们代市、观阁两地的起义，像一把火，把国民党反动派烧得惊惶失措。他们会派出警察和保安队、乡丁保丁来追杀我们，怕我们革了他们的命。蒋介石独裁政府一定会派出更多的军队来剿杀我们。我们要尽快和代市起义的队伍会师，拉上华蓥山，建立游击根据地，开展游击战，拖住蒋介石打内战的兵力，配合解放军正面战场作战。"他吸了一口气，提高声音说："这样，人民解放军就会很快打进四川，解放全中国！……"

队伍整编后，杨玉枢、陈伯纯率游击队向华蓥山进发……

游击队刚走，县自卫队便追了上来，游击队撤到树林里隐蔽起来。敌人追到小井沟，不敢上山，怕中游击队的埋伏，只在山脚下乱打了一阵枪，然后吼叫着："你们这些土共，想在华蓥山抠蒋介石的屁眼，有胆量的出来嘛！躲起干啥！"

游击队埋伏在树林里，没有理睬他们，敌人摸不清游击队的虚实，不敢再追，只好悻悻地回去了。

16

丁家山战斗，杨玉枢罹难

游击队撤到天星寨一带，派"姐妹会"成员陈先玉装成回娘家的样子，到大良、代市镇侦察敌情。陈先玉侦察后回来汇报说："代市镇街上驻有广安县自卫中队，听说要上山来。"游击队分析，敌人有袭击天星寨的可能，决定转移。14日晚，天下起了小雨，战士们冒雨前进，路上满是泥泞，一步一滑，又是坡坎，累得大家喘不过气来。第二天拂晓，到达丁家山张家新院子。杨玉枢看到大家都很疲倦，便命令队伍停止前进，准备在这里休整一下。游击队到张家新院子住下来，后勤人员忙着烧火煮饭。杨玉枢叫向杰栋和陈尧楷分别在院子后面的山路上放出岗哨、警卫，杨玉枢便和陈伯纯、刘隆华、胡正兴、邓致久等到半山腰的竹林里去开会，研究下一步行动，有的游击队员困乏极了，倒在柴草铺的地板上，就呼呼地睡着了……

上午10点钟左右，大竹专署保警大队突然从院子后面包围过来，准备搜查张家新院子。向杰栋警卫中队的蒋马刀——蒋登银从哨位下来，刚到屋檐口，突然发现前面屋角边有一队穿黄马褂的敌人正向张家新院子围过来，立即向敌人射击。枪声惊动了游击队，双方接上了火。住在山上的陈尧楷、向杰栋听到枪声，冲了下来，王兆南等在院子里也冲了出来，向敌人开火。敌人遭到前后夹击，掉头朝左边的石板大路逃命，敌人的机枪架在坡上，准备封锁张家新院子屋后的大路，陈尧楷带领的独立中队从山上冲下来，吓得敌机枪手丢了机枪就跑……

经过 2 个小时的战斗，打死打伤敌保警大队 7 人，缴获步枪 7 支，敌人狼狈逃窜。游击队向逃跑的敌人喊话："蒋介石要垮台了，你们不要再为国民党卖命了！"

战斗旗开得胜，清点时发现，中共党员、参谋长张德沛在战斗中牺牲，司令员杨玉枢和其他几位领导刘隆华、陈伯纯、胡正兴等与队伍失去了联系。

原来支队司令员杨玉枢听到枪声响成一片，站起忙叫陈伯纯、刘隆华、胡正兴等重庆来的同志快撤，他在后面掩护，见大家冲出了竹林，他也跟着穿出竹林，此时，他由于劳累过度，头脑一片昏沉，他强力支撑着走到路边，看到前面有一座茅草屋，便走了过去……

王兆南、陈尧楷、向杰栋等几位中层领导碰到一起开了短会。司令员杨玉枢和总队的政委陈伯纯、重庆派来的刘隆华、胡正兴等上层领导都失去联系了，部队怎么办？大家正拿不定主意，蒋登银走过来说："这丁家山离槽麻洞不远，槽麻洞的农民大多是向杰栋家的佃户，我很熟。"向杰栋也说：太阳快下山了，先把队伍带到槽麻洞去，让大家吃饱饭，再寻找杨司令他们的下落。陈尧楷和王兆南一致赞成。意见统一后，由蒋登银带路，队伍向槽麻洞进发。槽麻洞的群众基本都是倾向革命的，有一处独院的主人叫黎云洪，也是向家的佃户。向杰栋把情况给他讲明后，黎云洪赶快把家里的苞谷磨成粉子，煮了一锅面羹，让游击队员吃饱肚子。

第二天，游击队派人去找杨玉枢和几位领导的下落，仍无音讯。陈尧楷、王兆南、向杰栋3人研究决定：队伍现在已经失去了领导，游击队100多人，怎么办？为了减小目标，队伍再次精减，让部分游击队员暂时回家隐蔽，司令回来了，再通知大家集中。大家都不愿离开这个集体，只好再三动员，很多同志含着眼泪离开了。队伍剩下30余人，包括陈尧楷从大竹带过来的10余人、王兆南带的10多人和向杰栋带来的10来人。陈尧楷提出，他暂时带人回大竹张家场活动，向杰栋随陈尧楷到大竹，王兆南提出，他不走，他带人就在观阁、广兴、代市一带活动，继续寻找杨玉枢司令员。

刘隆华、陈伯纯、胡正兴等人，被桂兴乡第一保保队副陈子芬抓住，交给保长张世敏。搜查时发现陈伯纯衣袋里有一张纸条，是张德沛写给侄子张世敏的信，信上称赞他掩护释放了程忠瑛等游击队员，为革命作了贡献，希望他把武装拉出来参加游击队。原来，张世敏也是中共党员，他看了张德沛的信，当天晚上就暗地掩护陈伯纯、刘隆华、胡正兴等人转移，使他们脱了险。

杨玉枢走出树林时，感到一阵眩晕，几天几夜没有休息，身体支撑不住了，他摇摇晃晃地来到一座住房边，不想被当地恶霸谌克纯的看山狗匪荣堂和保队副王本风看见了。

"不准动，把手举起来！"

杨玉枢被两个拿枪的匪徒逼着，举起了手。这时那两个人走过来，把杨玉枢腰上的手枪抢了过去，然后又从杨玉枢的身上搜出一块怀表和一支金星钢笔……

两人看到从杨玉枢身上搜出来的枪和怀表、钢笔，眼红了，两人对视了一下，保队副说："捆起来！"然后两个匪徒到房里去商量，此时屋内还有匪荣州、何先根等几个匪徒，何某看了手枪说："这表和手枪值5石谷子，你们送到乡公所就白搞了。"匡荣堂心动了，又派人去知会保长王清云，王清云说："是秦华的人，你们回去打了就是。"于是他们3人借口送杨玉枢到罗锅铺（敌人清剿指挥部设在那里），将杨玉枢骗往拐枣洞。匡荣堂走前面，杨玉枢走在第二，后面跟着匡荣州、王合伦、匡荣治等，走到拐枣洞时，后面的人就去拉杨玉枢，想将杨玉枢掀下去，杨玉枢极力反抗，匡荣堂就朝杨玉枢腰间开了一枪，杨玉枢呻吟着倒在地上，匡荣州接着又朝杨玉枢开了一枪，并把杨玉枢掀进了拐枣洞中，听到洞里还有"哼"的声音，匡荣堂又捡起石头朝洞里的杨玉枢猛砸……

拐枣洞俗称漩洞，深不见底。过了一阵，3人又用藤索吊下去看，人已经死了，匡还不放心，又用竹竿将杨玉枢撬到洞底去了。杨玉枢罹难了……

17

武胜三溪起义，进军大龙山

    1947年底至1948年初，中共重庆市委书记王璞来岳池，通过李吉光向徐庶声了解岳池党组织清理、恢复和发展情况。此时，武胜中共党组织在三溪建立起党的三溪支部，武胜新场党员已发展到40多人，建立了两个支部，建立了中共岳池区委，地下工作仅限于发展党员。2月，中共重庆市委书记王璞决定，在上川东华蓥山地区发动农村武装斗争，于是再次来到岳池，在凤鸣街蔡衣渠家中召开区委会。王璞指出，国民党很有可能发动第三次反共高潮，要大家保持警惕，但不能像以前那样长期埋伏，要有新的突破。同时传达了中共中央南方局的指示，要求配合解放战争，在恢复党的组织基础上大力发展党员，开展"一月一倍"发展党的组织，积极筹备武装力量，准备秋收起义……

    1947年11月，中共川东临委和中共上川东地工委相继成立，根据临委书记的部署，蔡衣渠将新三中学的党员有计划地派往农村，开展"三抗"斗争，组织农民协会，发展武装力量。同时把进步同学组织起来，参加革命斗争。蔡衣渠联系实际举办"时事座谈会"，揭露国民党的腐朽；讲解放战争的趋势，发动学生阅读《大公报》、香港版的《文汇报》和苏联的《时代周刊》等，利用"文艺研究会"，创办了《荒年》《追求》《控诉》《蒲公英》等油印刊物。还秘密传阅进步书刊，如《大众哲学》《政治经济学》《群众杂志》《新民主主义论》等。学校把这些进步书刊放在一间屋里，供大家阅读。学生自治会举办文艺晚会，演出解放区的秧歌舞《兄妹开荒》《升官图》等，激发爱国热情，鼓舞革命斗志。通过这些活动，发展了组织，壮大了党的力量。同时培养了大批骨干力量，为以后开展武装斗争准备了条件。搞武装斗争，不光是发动群众，还要有武器、经费和医药等。蔡衣渠家是岳池首屈一指的大绅粮，为了革命，他要以实际行动为党做贡献，他对母亲说："现在政局不稳，乡下的田地收成不好，田地是提不起、搬不动的，如果政局变化，怎么办？不如变卖一部分做生意，与人合办钱庄。"母亲认为儿子的想法有道理，欣然同意了。蔡衣渠与民盟的唐仲达商量，以办"钱庄"为名，筹集资金。蔡衣渠先后卖了160多挑田土，做钱庄的股份。一年间就由一亿多元扩到十几亿，用来买了几十条枪和大量子弹、棉布、药品和几十桶猪油运往华蓥山。由他带头，很多较富裕的党员和进步人士纷纷仿效，把自己的田产变卖，购买武器和军用物资。

1948年初，中共川东临委书记王璞为准备发动武装斗争，加强华蓥山周围各县的组织领导，将岳池区委与武胜特支合并，分别成立中共上川东第七、第八工委。蔡衣渠任第八工委书记，负责岳池、渠江以西、武胜和合川部分地区的工作。

三溪党组织按照中共川东临委的指示，在第八工委书记蔡衣渠的领导下，积极准备武装起义。起义前夕，全乡10个保，有9个保组织了"农民翻身会"，会员达到300多人。部分乡保政权和枪支弹药，掌握在农会会员手里，为起义做好了准备。

在武胜新场乡，工委书记蔡衣渠派邓惠中、罗仁杰、杨明泉等发展了党员 40 余人，建立了两个支部，分别由曹文翰、秦来朋担任书记，还派共产党员邓良臣等打入基层，担任正副保长，暗中发动农民，组织"生期会""青年会"，控制了地方保甲 50 余人枪。

在岳池高垭、白庙等乡，蔡衣渠、杨明泉、罗禹乔等也发展了党员 20 余人，建立了党的支部，掌控了一些武器。杨明泉利用"哥老会"管事的身份，暗中为党组织购买手枪 3 支，步枪子弹 5 箱，手枪子弹 3 箱，存放在高垭乡共产党员张远志家和南门外徐也速家备用。

7 月下旬，蔡衣渠、罗永晔、蒋可然等根据罗渡会议决定，在新场、白庙多次召开会议，布置起义工作。根据中共川东临委指示，起义队伍为"西南民主联军川东纵队第八支队"。由蔡衣渠、蒋可然领导。下设三个大队：高垭一带为第一大队、新场一带为第二大队、三溪一带为第三大队。计划三个大队 400 余人，集中在三溪乡黄明桥附近进行整训，然后相机攻下三溪、新场，提缴飞龙乡公所枪支，汇合第七支队，拉上华蓥山，建立游击根据地。

在起义准备过程中，发生了突发事件。7 月 25 日，第八工委领导人蔡衣渠、罗永晔、蒋可然和负责军事的罗禹乔，在新场乡新三中学生、共产党员刘观光家研究起义计划。蔡衣渠和罗汉祥各自随身带有德国造式手枪一支，当天晚上，罗汉祥对着水井试枪，被当地乡民代表贺尊明听见了，疑是土匪，便向新场乡副乡长郑贤村密报。

当晚 11 点钟，郑贤村立即赶到新场乡乡长章国翠的家对他说："有人密报，说巍峰寺、九道拐一带有土匪活动，我想前去'清乡'，你看怎么办？"章国翠深知郑贤村野心勃勃，诡计多端，随声附和说：既然发现了土匪，当然应该去清乡咯。两人便商定，深夜四更出发，分两路：一路由郑贤村带领，由警察队长李维骐、队副廖进修带全队警丁从上崖巍峰寺朝下清查；一路由章国翠带领警丁由大路往九道拐清查崖下，以堵住其必经之路——夏家河沟。

26日黎明，郑、李率领的警丁从巍峰寺下来，走到岩下刘观光老宅外，发现刘观光院子里出来一个农民，便问："你们院子里有没有外来人员？""有几个？""他们有没有枪？"农民回答："好像有。"郑贤村、李维骐立即把整个院子包围起来。

蔡衣渠发现一大队警察把院子包围了，已经来不及脱身了，但也非常镇定，他分析：①刘观光是章国翠的外侄，在他家出了事，对章不光彩；②用武力还击，力量悬殊太大；③万一打响，就会暴露身份，对整个起义不利；④敌人不知其底细，可以进行营救。蔡衣渠便向刘观光的母亲做了工作，将两支手枪交她保管，若无其事地等待敌人来搜查。这时章国翠也来到刘观光院子前，郑贤村已将蔡衣渠、蒋可然、罗永晔、罗汉祥四人拘押。

刘观光是章国翠的外侄，又是章国翠的学生，章国翠知道刘观光在华蓥教书，怎么会窝藏土匪？感到诧异，于是便叫警丁把刘观光叫出来问："你在搞啥鬼名堂？"刘观光回答："蔡衣渠是我老师，在新三中学教书，其余三个是同学，目前放了假，到我家来耍的。"章似乎有些明白了，不是土匪，即进院子制止警丁说："不要乱来！刘观光是我外侄，是好人，不是土匪，是我侄儿的老师和同学。"蔡衣渠等4人也连声抗议："我们犯了什么法？你们这样对我们？"

听到章乡长招呼，警丁停止了行动。这时郑贤村拿着警丁从屋内搜出的手枪和现金对章乡长说："啊，乡长，你看。"随即把两支手枪、钱袋送到章乡长面前说："来学生家耍，带枪做啥？带着一亿四千万元钱做什么？"蔡衣渠急忙解释："枪是带着防身用的，钱是收的佃钱，准备外出旅游用的，有什么奇怪！"

章国翠认识蒋可然是三溪乡长蒋至元的哥哥，心想，说是土匪显然不对，但他们带这么多钱和手枪，怎么处置呢？于是严肃地说："我们清乡，是为了维持岳池、武胜两县边界地区的社会秩序和睦邻关系，有事回乡公所再说。"于是郑贤村和李维骐押着蔡衣渠等4人，洋洋得意地走在前头，章国翠走后头。队伍路过七保保长曹文翰家门前，郑贤村发现有个人自称王兴发，觉得可疑，也抓了起来。刘观光见大队人马走后，追上章国翠，对他说："大舅，这事可要好好处理哟，倘若处得不当，关系可大了哟！"章国翠听后，生怕得罪了三溪乡乡长蒋至元，惹出更大的麻烦来。同时，他想起一个故事，以前有个团总得罪了土匪，后遭土匪报复，一把火将新场乡烧掉半截街。目前这件事要好好处理，不要闹大了，否则，难以收拾。同时，看到蔡衣渠的手枪和巨款，弄得好，可以独吞，弄得不好，还要翻船，便对乡警察队长李维骐说"歇歇再走"，并派警丁请郑瑞生来。郑是乡财粮干事，请他来商量，是希望他从中调停，以免郑贤村从中抬扛告状。

到狗头寨下的大路边时，郑瑞生赶来了，章把"锦囊妙计"向郑说："倘若有人前来保释，就把人放了。但要把两支枪和钱留下，以后凭据来取。钱作为'清乡'的战利品，分给兄弟伙，以堵众人之口……"郑贤村表示赞同，并愿意效力。到李维骐家休息时，章即召集郑贤村、李维骐、郑瑞生等人在李的卧室内密商，经过一番激烈的讨价还价之后，取得了郑、李的同意，郑贤村捞得一千多万元的大头。然后，一路回乡公所。

章国翠回到乡公所楼上卧室刚坐下，刘观光急匆匆上楼来要求放人。章国翠胸有成竹地说："你去对你老师蔡衣渠讲，只要能找到担保人，我就放人。"蔡衣渠知道后，立即写信火速送往白庙乡，请白庙乡乡长周殖藩出面相保。

周乡长一接到自己上级蔡衣渠的信，心急如焚，决定亲自前去，以乡长身份，营救蔡衣渠。下午1点过，周殖藩的滑竿就到了新场乡公所，章国翠把他迎到乡公所，寒暄之后，周提出："章乡长，听说贵乡今早把蔡衣渠先生一行几人当土匪押起来了，不知是否当真？"

"真有其事。"

"蔡先生等本是岳池新三中学的教师和他的几个学生，我们早就相识，他们根本不是土匪。"

"周乡长既然认识蔡先生，是好人，可是要有人来担保我才好放人。"

"本人可以担保。"

"只要周乡长担保，我把他交给你就是了。"

于是，当场在乡公所办公室，由蔡衣渠写好保条，周殖藩证明蔡衣渠、罗永晔、罗汉祥3人不是土匪，签名盖章，取保以后随叫随到。下午2点多钟，章即将蔡、罗三人交周殖藩；蒋可然、王兴发由蒋至元和曹文翰保释。

王璞知道蔡衣渠在新场乡被捕后，急忙做出三条决定：一、摸清情况，想办法保释；二、攻打乡公所，进行武力营救；三、如果两项计划落空，为防止不测之事发生……

蔡衣渠被保释后，他知道敌人不会轻易放过他，立即乘滑竿往白庙方向走，3里路后，他跳下滑竿，付了力钱，佯装继续前行。之后则另叫滑竿，向另一方向走去，后用同样的办法，几易滑竿，待前来追赶的国民党特务曹萧之赶到新场和白庙时，蔡衣渠早已不知去向……

原定8月16日第八工委在三溪乡发动起义，一切准备就绪，哪知7月26日出现意外，蔡衣渠、蒋可然、罗永晔、罗汉祥等被新场乡乡长章国翠和副乡长郑贤村等抓捕后，虽然取保被释放了，但不敢在三溪、新场等地露面，起义仍按计划进行。8月16日，罗禹乔、曹文翰通知龙孔、白庙、踏水等乡的150多名武装队员到新场石乌龟集中，参加起义的游击队员到达石乌龟后，队伍进行了整编，仍以西南民主联军川东纵队第八支队示人。

实际整编为一个大队，下辖三个中队，准备与蒋可然的三溪乡武工队会师。当天晚上 3 点才向黄明桥开拔，因道路不熟，又走了弯路，误了时间，抵达黄明桥时已是 17 日凌晨，加之蔡衣渠、蒋可然等 4 人被拘脱险后怕身份暴露，上级指示隐蔽转移。这样，三溪起义时，只有罗禹乔、曹文翰的队伍在黄明桥陆家大院集中，沿河边直奔三溪街而去。沿途，游击队切断了三溪乡通往飞龙、新场的电杆电线后，在杨拱桥碰上了三溪乡丁。乡丁大声喝问："你们是干什么的？"罗禹乔回答："我们是新桥乡清乡的。"罗禹乔大声反问："你们是干什么的？"乡队副张胜匡说是到黄明桥打土匪的。罗禹乔命令"打"。双方开枪激战，这时，新场乡副乡长郑贤村带领新场乡乡丁和飞龙乡乡丁向三溪的杨拱桥赶来，企图包围起义的中共游击队。罗、曹感到力量悬殊，寡不敌众，便决定撤出杨拱桥，马上分散隐蔽，等待上级联系。

当时，成都《新新新闻》以《武胜发现大批土共，提取民枪，打烂仓库》报道："潜伏武胜、岳池边境土共一百余人，于 8 月 16 日去武胜县飞龙、三溪黄明桥一带，似有响应广安奸匪啸聚华蓥山之企图……现武胜已有三队，……警察局已将东北门紧闭……"此时，游击队分散向大龙山方向进发。蔡衣渠、蒋可然、曹文翰分别带领唐均祥、邓良臣等 20 多名游击队在岳池石龙集结，等待时机……

18

岳池伏龙起义，队伍拉上华蓥山

1948年2月，中共上川东地工委兼职书记王璞在岳池建立起第七、第八工委。工委建立后，大力发展党的组织，党员人数很快增加到500多人。第七工委先后建立了河东、河西（渠河两岸）、肖（家）广（兴）三个区委和尚用中学、华蓥两个特支。起义前夕，中共川东临委又将合川金子特支和邻水西区党组织划入第七工委，便于配合广（安）、岳（池）、武（胜）、合（川）的武装起义。

河西区委在岳池县姚市桥组织了一支50多人的武工队。大多数是从农会中选拔出来的积极分子。秦耀等人是合川金子沱党组织从"绿林"中教育改造过来的。队伍建立后，第七工委书记徐庶声、区委书记伍俊儒决定将队伍隐蔽在姚市桥周围，进行政治和军事训练。有游击军事斗争经验的曾霖曾到姚市桥给武工队员讲解军事常识，传授游击战术。培训期间，党组织加强了对秦耀等的思想工作，领导他们参加了释放壮丁、营救被捕同志等战斗，使他们很快成为斗争中的骨干力量。

河东区委设在岳池县中和乡，下辖中和两个支部和阳和、伏龙各一个支部。这些支部都建立了秘密的武工队。区委书记李成与中和支部书记廖亚彬组建了100多人的武工队，把队员分别安排去当乡保丁掌握枪支弹药。

阳和乡支部，由合川调来任河东区委委员的袁念之兼任支部书记。第七工委派他从阳和乡上华蓥山，做教育改造土匪的工作。袁念之当时仅23岁，但在合川已搞过学运、工运，锻炼得精明强干。他到阳和乡以小学教员身份为掩护，在本地党员丁鹏武、左国政的协助下，打入了土匪头子谢三荣的匪棚，了解到这部分土匪中有不少人是被国民党反动派抓丁派款，逼得妻离子散后，没有出路，才上山过"绿林"生活，对国民党政府不满。袁念之通过接触，然后根据不同情况做了艰苦细致的工作，终于教育争取了30多人参加游击队。

伏龙支部领导的武工队，是第七工委副书记刘石泉、工委委员杨奚勤组建的。伏龙乡是游击队上华蓥山的一道屏障，乡长张蜀俊，由陈次亨、杨奚勤等进行长时期的教育，在起义前加入中国共产党。伏龙乡的乡保政权大部分被共产党员掌握。张蜀俊以扩充乡保武装为名，让许多农会会员背了枪，并变卖田产和利用乡长职权购买了两挺机枪、十几支手枪和三十几支步枪，为起义作了准备。杨奚勤、刘石泉还同鞠成之、杜文举、张笃等党员研究，在合川的新桥、肖家、龙市等乡，分别建立了小型的武工队。

曾霖日夜辗转在这些地方，化装成阴阳先生，白天以"看阴地、找阳宅"为掩护，晚上就给武工队讲军事知识。

岳池罗渡尚用中学，是第七工委的一个重要据点。第七工委书记徐庶声、第七工委委员杨奚勤都在这里。杨奚勤出任尚用中学校长，党组织利用这个有利条件，陆续秘密地安排共产党员杨辉、艾文宣、郭辛白、谢志光、陈乃义、周朗之等来校任教。全校 20 多名教职工，有 14 个都是共产党员，为发动武装起义培养了大批干部。中共川东临委书记王璞在罗渡召开七、八工委紧急会议后，徐庶声等立即通知下属党组织迅速扩充武工队，做好起义准备。

8 月 20 日，杨奚勤从广安赶回岳池伏龙乡，马上派人请徐庶声等工委负责人到伏龙乡共同研究。大家认为伏龙乡地处华蓥山麓，党的力量较强，在该地发动武装起义，既便于夺取山下各乡武器，又便于上山打游击。因此，决定通知罗渡、中和等乡的武工队到伏龙乡集中，准备起义。

21 日，伍俊儒和秦耀等带领扩建的 80 多人从姚市桥赶到伏龙乡。中和乡李成和廖亚彬领导的队伍，驻地比较分散，经过努力，也集中了 80 多人，于当晚到达伏龙。还有张蜀俊的 100 多人集中在伏龙乡公所周围，为了防止走漏消息，立即派人封锁了交通要道……

这天下午，华蓥山下的伏龙场沸腾了，到处是背着枪弹的战士，一个个心情振奋，充满着农民闹翻身、打倒蒋介石的喜悦……

乡公所碉楼里，杨奚勤、徐庶声和张蜀俊正在秘密交谈。张蜀俊拿出岳池县长肖毅安和罗渡区长李明雍写给他的两封密信来。信的大意是：如果张蜀俊停止起义，他们便呈报重庆警备司令部，推荐他为"联防司令"，否则，逮捕法办。张蜀俊将信公开后，愤然站立起来，将信撕得粉碎，坚定地说："请党组织放心，我牺牲一切，也要参加革命！"

当晚，工委召集了各地负责人会议。杨奚勤宣布第七工委组建的这支队伍为"西南民主联军川东纵队第七支队"。支队司令员为张蜀俊，副司令员为李成，政委为杨奚勤，副政委为李辉，政治部主任为刘石泉，参谋长为徐庶声。下设三个中队，罗渡姚市桥的队伍为第一中队，队长为秦耀、指导员为伍俊儒；伏龙乡的队伍为第二中队，队长为陈次亨，指导员为张蜀伦；中和乡的队伍为第三中队，李成兼队长，指导员为朱重光。

22日上午，三个中队集中在伏龙场上，300多名战士，有两挺机枪，十几支冲锋枪，三十几支手枪，200多支步枪，个个荷枪实弹，威武雄壮。街上贴满了标语："中国共产党万岁！""打倒蒋介石！解放全中国！"司令部派人到伏龙乡粮仓和一些恶霸地主的院子，鸣锣通知，开仓济贫。伏龙乡周围成百上千的贫苦农民前来分粮，仓库门口，人如潮涌。许多小孩没有箩筐，就脱下裤子，把两个脚脚一扎，去装谷子。大家兴高采烈，很快就分掉黄谷几百石。路上，农民背着、挑着黄灿灿的谷子，喜笑颜开地议论："起义了，蒋介石要垮台了，华蓥山天亮了，我们穷人有望头了。"

开仓济贫后，300多游击队员和上千的群众，聚集在伏龙乡召开誓师大会。杨奚勤在会上讲了解放战争的形势，号召受苦的人民团结起来，支持游击队的斗争，为解放四川、解放全中国贡献力量。

岳池城里的地方官员知道伏龙起义的消息，十分震惊。县长肖毅安立即带领两个警察中队，前往伏龙乡攻打起义队伍。国民党县党部书记陈尔康，连忙到重庆绥靖公署告急，要求派兵围剿，并请求重庆行辕增拨枪支弹药，加强县警察中队的力量，还在岳池县城四面连夜修筑工事，防止游击队攻打县城。

伏龙起义后，支队决定把队伍拉上华蓥山，与袁念之领导的队伍汇合，在山上进行整训。22日下午，队伍由伏龙乡赶到华蓥山枧子沟宿营。次日，部队拉到阳和乡碗厂驻扎。袁念之派王普全、伍子东等几名队员参加了游击队，他本人则留在山上继续对谢三荣等进行教育改造工作。

部队在阳和乡的二山安排就绪后，杨奚勤、张蜀俊和徐庶声研究决定，在山上整训，给战士进行形势、游击队的任务和"三大纪律八项注意"的教育。

在研究作战方案时，有两种意见：一是以华蓥山为据点，派小股部队下山袭击附近的乡公所，夺取枪支弹药，较快地在山上建立起游击根据地；

另一种意见是把队伍拉下山，绕大圈子壮大声势，然后再回华蓥山。经过讨论，采纳后一方案，决定把游击队立即拉下山去，给敌人造成进攻县城的假象，但其实是下山与刘石泉组建的游击队和王璞、陈伯纯领导的合川金子乡（现为镇）的起义队伍汇合。部队下山前，派蔡旭东、徐荣恒等10多名队员，分头侦察广安双河和岳池阳和方向的敌情。去阳和方向的侦察员刚下山，就发现一个鬼鬼祟祟的人，蔡旭东追上前去，朝天放了两枪，吓得他躲进岩洞里，侦察员把这家伙捉住，经过审问，知道他是阳和乡长派来刺探游击队情报的。他交代说：岳池县长肖毅安，带了100多名警察兵前来攻打起义队伍，现在阳和碉楼里。广安方向的侦察员也赶回来报告，说广安县警察局督察长李朝钺带领两个警察中队200多人向阳和方向开来，先头部队已经到了双河场。游击队掌握了敌情后，决定队伍按原计划下山，抢渡渠河，向武胜、合川方向进军。为了甩掉敌人，派突击队佯攻阳和乡。突击队带上机枪、冲锋枪冲到阳和乡碉楼边，向阳和乡的警察中队猛烈开火。肖毅安几次组织火力反击，都被游击队密集的火力封锁在碉楼里。战斗持续了半个小时，山上的部队已安全转移下山，突击队才停止进攻，回头赶上主力部队。

游击队离开阳和后，肖毅安与李朝钺的队伍向山上爬去，找到游击队的宿营地时，这里已经空无一人了。

19

合川金子乡起义，会师大龙山

合川县金子乡与武胜县真静乡毗邻，同处嘉陵江边上，是共产党长期扎根的据点。早在1941年，中共中央南方局党委委员吴克坚就派当时在新华日报社工作的陈立洪回老家金子乡工作。抗日战争后期，日军打到贵州独山，逼近四川时，中共中央南方局又派共产党员陈伯纯回金子乡，利用父亲的社会关系，出任金子乡乡长，建立两面政权。此后上级党组织陆续派遣党员干部刘石泉、张伦、张岚星、易难、罗永晔、张笃等到金子乡，以"当师爷"、教书为掩护，从事党的秘密工作。到1948年武装起义前夕，金子乡地区发展党员近200人。农会组织向周围27个乡镇扩展，发展了农会会员近万人。组建了一支30余人的脱产的武工队，改造了一支30余人的"绿林"武装，有的地方还组织了部分不脱产的武工队，就地活动。

1948年2月下旬的一天，重庆警备司令部驻合川稽查大队长黄代瑜与合川县警察局长何荣武去面会合川县长李少雄，说有人密报陈伯纯在金子乡组织农会，元宵节后将召开几百人的大会，于是他们准备派兵去金子乡抓捕异党分子。第二天，何荣武带着警察中队开到金子乡，哪知陈伯纯已经转移，扑了个空。何荣武气急败坏，把农会据点——陈绍伯中药铺洗劫一空，并把很多的农民扣押、吊打。

这次陈伯纯未遭暗算，是因县城的统战人士事先给他传递了消息，组织上立即将他转移到了广安观阁。刘石泉、张岚星、彭灿碧也被迫撤离金子乡，但刘石泉仍不时回到金子乡指导工作，加上尚未暴露的刘乐忠、陈自强等党员还在该地坚持工作，武装起义的准备工作并未中断。

7月上旬，第七工委书记徐庶声到金子乡蒙炳林院子召开党员会，传达中共川东临委罗渡会议精神，布置提前武装起义。参加会议的有张伦、楼阅强、王子云等。会议决定，军事上由陈自强、楼阅强、王子云负责。宣传由张伦、罗永晔负责。后勤由周仁极、管滋文负责。枪支修理、弹药装备由王玉光负责。医务组由蒋云生负责。刘乐忠刊刻了"西南民主联军川东纵队第四支队"的公章，彭灿碧和刘乐忠还为支队合绣了一面红旗。

8月22日，中共川东临委书记王璞，由罗永晔、罗纯一领路，从岳池县平滩乡到了武胜真静场，又由周仁极带路，到合川县金子乡嘉陵江边王禄方院子主持召开紧急会议，部署立即发动武装起义。陈伯纯在广安参加观阁起义后，也赶回合川，参加领导金子沱的起义。会议决定8月25日在合川县金子、泥溪和武胜县真静同时发动起义。这个支队由陈伯纯任司令员，王璞兼政委。下设三个中队：一中队装备短枪，由王子云、秦鼎负责；二中队由张伦、陈自强负责；三中队由楼阅强、符其燮负责。接着，各中队分别在合川金子、钱塘、沙鱼、会龙和武胜真静等地收缴地主和各保的枪支子弹，进行战斗准备。宣传组撰写了由罗永晔起草、王璞修改的《西南民主联军川东纵队第四支队宣言》和标语、口号，准备起义时公开张贴，号召各地群众迅速起来响应，打倒蒋介石，为四川人民求解放。

25日，金子乡起义队伍按照会议决定，一中队攻打武胜真静，二中队攻打合川金子乡，三中队攻打合川泥溪乡。然后北上，与岳池第七、第八支队起义武装汇合。

陈自强带领二中队分两路行动。一路在苏家坝集中，把地主陈谦之、陈滋生等的枪支子弹缴了；另一路进攻金子乡公所。其实，攻打乡公所是为制造一种假象，迷惑敌人。因为陈伯纯、刘石泉等早已在这里建立两面政权，乡保和枪支弹药大部分控制在共产党手里。游击队一攻打，已参加地下武工队的14名乡丁立即由蒙品山带领，公开参加起义队伍。乡长陈缉熙（统战人士）也交出短枪，随起义队伍出走。游击队占领乡公所后，烧毁了蒋介石相和文书档案，砸烂乡公所吊牌，打开粮仓将近百石谷子分给了贫苦农民。

街上，到处贴着宣言、标语，广泛宣传。《西南民主联军川东纵队第四支队宣言》以布告形式贴在乡公所对面大街上。宣言提出八大主张：

一、四川人民立即动员起来，摧毁卖国殃民的蒋介石政权。

二、四川各党派、各阶层迅速召开新的政协会议，制定省宪，实行自治，退出内战。

三、立刻停止征兵，并将已征壮丁立即释放回家，各安生产。

四、立刻停止征粮征税，并将已征粮谷立即分给贫苦人民。

五、立即释放全部政治犯，立刻释放张表方先生回川。

六、彻底改善工农生活，将土地分给贫苦农民。

七、保障开明的资本家和开明地主的合法权益。

八、严惩战争罪犯，肃清特务分子。

末尾，署上了西南民主联军川东纵队第四支队司令员陈伯纯的大名。

这天，金子乡的人民群众格外高兴，男女老少都涌上街头庆祝胜利。

张伦和秦鼎带领一中队100余人，向武胜县真静场前进。行前，张伦派游击队员唐绍武去真静场上侦察乡长康宁和乡丁的动态，知道康宁已去武胜县城（今中心镇）。这天，真静乡逢场，街上人来人往，非常热闹。中午，张树荣带领部分战士隐蔽在黄金堡梁子，李坤全、王松柏带领部分战士埋伏在场口团堡梁子，等待由城里回来的乡长康宁路过时进行袭击。等了2个小时，未见康宁的影子。这时，张伦觉得，再等下去，可能会暴露目标，于是吩咐秦鼎带领10多个穿着长衫、身藏短枪的战士，冲进乡公所。正在吃饭的乡丁见状，急问："干什么的?"秦鼎使了个眼色，游击队员"哗"地抽出短枪，大喝一声："不许动!"

乡丁吓得目瞪口呆，战士们乘机搜缴了乡丁全部枪支弹药，隔壁康宁的老婆和乡队副康老七见势不妙，慌忙跳楼逃跑。

另一部分游击队员冲到街上，正在茶馆里打牌的副乡长李绍清见街上的人惊慌奔跑，立即出来挥手招呼："惊风活扯（四川话，意为大惊小怪、一惊一乍）的跑什么? 啥子事?"此刻，游击队员蒙佩斋一看是李绍清，马上靠近，故意高声大喊："李乡长，他们说'土匪'劫场来了!"这样一暗示，秦鼎知道站在对面的正是乡长，马上厉声喝道："不许动，把手举起来!"一步跃上去缴了他腰上挂的手枪。

冲进乡公所的队员，扯下国民党旗、国旗，插上游击队的红旗。收缴和烧毁了乡公所的文书档案。接着，张伦带领政工人员到街上宣传党的政策，有的贴标语，有的散传单。黄其勋带领游击队员到场外张家院子，打开粮仓，叫穷苦农民来担粮食。有的农民胆小，开始不敢挑，黄其勋大声说："这些粮食都是农民的血汗，是国民党从你们那里刮削来的，快来担，怕啥子!"一个叫张集成的大汉愣了半天，突然高声吼道："快走，我们去担谷子哟！"他冲进仓库，担了满满一大挑谷子。经他一带头，群众便纷纷动手，不一会儿，满满一仓黄谷都被担走了。

几位头发斑白的大爷、大妈捧着黄灿灿的谷子，高兴得眼泪都流出来了，说："我活了 60 多岁，还第一次见到这样的好队伍哇！"

楼阅强带领三中队 90 多人，开往泥溪乡提取乡公所枪支。由于乡丁班长李锦云行动前突然反水，向乡长告密，乡公所有了防备，这一行动未能实现。楼阅强只好将队伍带回金子乡。

当天下午，三个中队分别由张伦、陈自强、楼阅强带领，到金子乡二郎庙集中。晚上，王璞、陈伯纯等研究了整编和进军路线。鉴于这个支队要向岳池进军，各个乡集中起来的游击队和要求参军的青年有 1000 多人，决定动员没有枪支的农民回去，不随部队开拔。

26 日拂晓，司令部将留下的 400 多人进行编队。有手枪的编为突击队，王子云任队长，其余的编为一个大队，楼阅强和陈自强任正副大队长。上午 10 时，这支队伍向武胜境内进发，经过 2 个小时的急行军，到了真静乡黎家花园附近。后勤到几个院子去准备午饭，大队趁午饭还未好，派人去附近康家陇等处收缴了地主的手枪、步枪 30 多支。

真静乡乡长康宁，在武胜县城闻讯，急忙向县长张洪炳告急。张洪炳命令中心镇镇长康良带领警察、镇丁 100 多人赶到黎家花园附近，企图堵截起义队伍。游击队前哨发现敌情，立即报告司令部。王璞、陈伯纯当机立断，命令队伍分头抢占几个制高点，包抄敌人。战斗刚一打响，敌人见游击队人多势众，连忙逃窜。游击队跟踪追击。武胜县警察中队长黎守成带着警察中队前来增援，半路上遇到康良的逃兵，急问："怎么了？有好多人？"逃兵们上气不接下气地比画着："不得了，遍山都是人，快打拢县城了！快走，快走！"黎守成见前面的康良部队这样，也吓得惊慌失措，掉头便跑。游击队穷追猛打，边追边喊："攻进武胜城，活捉张洪炳！"

县长张洪炳得知县警察中队败退回城，一面命令警察紧闭城门，死守渡口，一面用电话向重庆告急，要求行辕派兵，有如惊弓之鸟。

游击队见敌人逃回县城，感到好笑，因为他们并不打算攻城。下午，游击队掉头开到武胜街子乡一带宿营。次日凌晨，队伍在陆家观再次进行整编后，经武胜县凤凰、仁和、罗家等地，到泰山庙宿营。沿途老百姓纷纷前来送茶、送水、送大蒜，慰劳游击队。队员们深受鼓舞，一个个精神抖擞，斗志昂扬。

28日晨，游击队从泰山庙出发，向石盘乡的大龙山进军。队伍出发的前一天，王璞已通知石盘乡王屏藩做好起义准备，接应四支队到来。

20

水洞湾血战，杨奚勤牺牲

伏龙起义，杨奚勤、张蜀俊率领游击队上华蓥山后，被岳池县长肖毅安盯上了。三溪起义声势浩大，惊动了四川省保安司令王陵基，他火速调广安警察局督察长李朝钺带领广安警察中队与岳池县长肖毅安追堵起义队伍。

1948年8月25日晚，伏龙起义队伍在山上住了两天，又返回伏龙宿营。当晚派蔡锡山等到渠河边去找船，准备渡河。自从伏龙起义后，敌人唯恐游击队西渡渠河，下令一切船只不准靠在渠河东岸。蔡旭东等来到河边，见有几只木船正由罗渡顺流而下，便去做船工的工作，船老大同意后，准备次日从大界溪渡过渠江，向武胜、合川方向进发。渡江前，游击队抓住合川县小沔溪派出所的一个密探。这家伙十分嚣张，不仅不老实交代，反而口出恶言。司令部考虑，如果将他放了，会向敌人提供情报，对游击队不利，决定在渡江时处决。当船行至江心时，这家伙想乘机跳水逃跑，王普全一看不好，提枪向河中"啪啪"就是两枪，一股黑红的血水从江上冒出来，此人一命呜呼……

26日，部队渡过渠江，插赛龙场到观音桥，当晚在水口庙附近宿营。三中队长李成由于眼病行军困难，司令部批准他离队转移，由韩明楷代理三中队队长。与此同时，第七工委副书记刘石泉派李辉去高兴乡一带动员群众参军，于是李辉也离开了队伍。

27日上午，前往新民乡的侦察分队与敌人接上了火。接着得到侦察员情报：南面合川肖家乡有100多人的乡保武装向游击队进击，西面岳池警察中队长王聘贤，带领100多名警察部队向游击队方向进攻。根据敌情，支队决定将部队分成三部分，一部迎击西南岳池来犯之敌，一部阻击合川南面之敌，留下一部分由司令部直接指挥。经过一小时激战，王聘贤的警察中队被击溃，俘虏12个敌人，缴获步枪14支。南面的敌人见王聘贤的警察中队被击溃，带着队伍向合川方向仓皇逃走，剩下一部分本地乡丁民团龟缩在羊山寺寨子上，不敢出来。为了争取时间，早日与合川金子沱王璞、陈伯纯领导的起义队伍会师，当晚，部队向黑耳场（今武胜乐善乡）方向进发。

岳池县长肖毅安，在阳和乡堵截游击队失败，回师县城，很不高兴。他一面向南充专署报告情况，一面电告合川县长李少雄，说岳池伏龙乡长张蜀俊率队叛变，有窜向合川迹象，希李派队堵截。李少雄转报驻合川的重庆警备司令部少将樊龄。樊龄本来奉命驻合川清剿共产党，听到消息，即带领内二警（即内政部警察署第二总队的简称）两个中队沿渠江向上进行阻截。

当天晚上，支队到达岳池、武胜交界的黑耳场水洞湾，与刘石泉、赵克家等带领的合川肖家、石龙、龙市等乡的游击队60余人会师。司令部设在刘家院子。次日早上，杨奚勤、刘石泉、张蜀俊等到周围山上观察地形，了解到离水洞湾七八里的黑耳场只有少数乡丁。决定先攻下黑耳场，提取乡公所枪支，再到合川金子沱会师。上午，派出侦察员前往黑耳场了解敌情，知道内二警已经到达街上，但戒备不严。侦察员砍断沿途电线，切断敌人的通讯联络。

下午1时，部队集中在刘家院子开会，杨奚勤作战前动员。宣布以伍俊儒、秦耀带领的一中队为主，组成突击队，攻入乡公所，收缴内二警和乡公所的枪支。其余的队伍为后卫，准备黄昏出发，晚上趁夜幕的掩护攻入黑耳场。下午4时左右，队伍正准备出发，突然发现敌内二警约200多人，占领了刘家院子对面的高梯梁子和左边斑竹园高地。右边的操坝梁子也被黑耳场的乡保武装占领，游击队已在敌人的包围之中。

突如其来的情况，对游击队十分不利。司令部驻地呈簸箕形，敌人已经封锁了箕口的通道。司令部果断决定，由突击队冲出大门，向正面敌人发起猛烈的攻击，压制敌人的机枪。接着，部队分两路冲出院子，分别攻占左右两侧高地，掩护突围。突击队接受任务后，伍俊儒、秦耀带领几个神枪手，爬上左侧断墙，瞄准敌机枪手射击，当场将敌正面的机枪手击毙。突击队乘机冲出大门，向敌人猛扑上去，敌机枪副手见势不妙，抱起机枪撤回到左侧斑竹园高地，与坡上的敌人一起组织火力，阻止游击队涌出大门的队伍。敌人居高临下，游击队冲出去的队伍被火力压在坡下抬不起头。这时，已冲出去的杨奚勤心里十分着急，再这样下去，敌人的包围圈就会越来越小，游击队有被全歼的危险。杨奚勤顾不得一切，身先士卒，带领战士们向斑竹园高地发起冲锋，不幸被敌的机枪击中头部，壮烈牺牲。徐庶声、刘石泉等战友眼看着杨奚勤牺牲，心中强忍着悲痛，继续指挥部队突围……

满腔热血追寻真理

杨奚勤，原名杨拯中。1919 年 5 月出生在岳池县普安乡一个富裕家庭。父亲杨占元属富二代，全靠母亲操持家务，养育一个姐姐和他。杨奚勤自幼好学，8 岁考入岳池县高级小学，成绩一直名列前茅。

1937 年 7 月 7 日，日本帝国主义侵略中国，制造了震惊中外的"卢沟桥事变"。中国军队奋起反击，全国人民在中华民族危亡的时刻，发出了愤怒的吼声：打倒日本帝国主义，把日本强盗赶出中国去！中国共产党发出了全国人民团结抗日的呼声。全国各地掀起抗日救亡热潮。18 岁的杨奚勤喊出了"还我河山！"的怒吼，他在读的岳池中学也纷纷成立抗日救亡团体。

岳池中学已有共产党员在暗中领导，掀起一波又一波的抗日新高潮。抗敌后援会和岳中的抗日唱歌团纷纷成立，他们走上街头，高呼打倒日本帝国主义的口号，全国人民掀起了抗日的高潮。

杨奚勤目睹祖国的大好河山被日寇践踏、在中国烧杀抢夺，他义愤填膺，于是与校友们上午读书，下午分组来到街头，宣传抗日救亡活动。杨奚勤第一个参加了学校的"读书会"。当时，岳池中学有一批中共党员和进步知识分子，带来了很多进步书刊，如《苏联画报》《解放》《群众》等，不久，岳池中学在地下党的推动下，马列主义广泛传播。学生青年接受了进步思想的熏陶，有的要求上前线抗日，有的奔赴延安……杨奚勤阅读了进步书籍和听了老师的讲演，对社会主义、土地革命，以及共产主义有了初步的认识，特别是听老师讲了"二万五千里长征"的故事，萌生了找党的念头。1938 年秋，他问老师："说我们岳池也有共产党，我真想找到他们，到哪里去找呀？"党组织知道了杨奚勤的想法后，派一位头发花白的老师找到杨奚勤，帮助他提高思想觉悟，介绍一些进步书籍给他，又过了一段时间，觉得杨奚勤思想进步快，接受新生事物快，思想成熟了。有一天，老师约他到自己房中，郑重地对他说："你不是很想找中国共产党吗？党组织觉得你热情奔放，思想进步，同意你加入中国共产党，今天，就批准你入党。"然后叫他跟着老师举起右手宣誓："我自愿加入中国共产党，坚决执行党的决议，严守党的纪律，保守党的秘密，为共产主义奋斗终生，永不叛党！"

杨奚勤入党后，工作更加积极，常常穿着草鞋，顶着烈日，参加抗日宣传。杨奚勤的活动引起了岳池县国民党团的注意，他们制造种种借口，横加干涉。杨奚勤和学校师生一道上街游行请愿，揭露国民党当局消极抗日、积极反共的丑恶嘴脸。在与三青团辩论时，大声说："不想当亡国奴，就不要阻止我们宣传抗日救亡的自由，抗日宣传何罪之有？"在广大群众要求抗日的压力下，国民党县党部和政府不得不同意学生们继续进行抗日活动。抗日救亡活动在岳池城乡掀起了高潮。他还常常到街头讲演："同胞们，日本帝国主义强占了我东北三省，7月7日又在北京卢沟桥发起进攻，扬言3个月要灭亡中国！我们中华民族就要当亡国奴了！同胞们，我们能眼睁睁看着日本帝国主义灭亡中华民族吗？中国共产党号召全国人民起来抗日，地不分南北，人不分老少，团结起来，把日本帝国主义赶出中国去！"他情绪激昂，滔滔不绝，唤起民众的抗日热情。

岳池县中学一个名叫向德昭的三青团分子去县政府密告，说杨奚勤是共产党。1939年4月，杨奚勤被国民党特委会传讯，要他承认是共产党。在敌人面前，他慷慨激昂，义正词严地说："请愿抗日，是因为国民党政府不抗日，消极抗日，整天喊'安内，安内'，不就是不抗日，要打共产党，打内战吗？人民群众请愿抗日，是每一个不想当亡国奴的中国人应有的权利，应尽的职责，何罪之有？"说得特委会的人张口结舌，无言以对。因无确凿证据，加之爱国师生员工的声援，县特委会迫于无奈，只好释放他回校。学校当局要他在全班同学面前公开检讨，承认自己是"误入歧途"。谁知杨奚勤却利用这次班会，大讲马克思列宁主义和中国共产党的主张和孙中山的三民主义、抗日救国的意义。主持会议的训育主任杨德武如坐针毡，一面做记录，一面大声干涉，挑剔"漏洞"，"你说的是新三民主义还是旧三民主义呢？"杨奚勤回答说："是孙中山先生'联俄、联共、扶助农工'三大政策！是国家民族复兴的根本政策，不是什么新三民主义、旧三民主义的问题！"杨德武企图在思想上制造混乱的目的没有达到，只好不开腔了。

会后，杨奚勤在黑板上用粉笔写一段孟子的话："孤臣孽子，其操心也危，其虑患也深，故达。"署名——先驱。在这里，杨奚勤是以孤臣孽子遭受迫害而坚贞不屈，来比喻革命先驱遭受迫害而坚贞不屈，来比喻自己的处境和态度。国民党县党部和特委会无计可施，气得暴跳如雷，令学校默退处理。

面对辍学的现实，杨奚勤并未气馁，他一面从事党的活动，一面温习功课，来年再考高中。1939年夏，他从余家场回到家，笑着对父亲说："爹，南充高中招生，我能不能去试一试？"父亲正在犹豫，姐姐英杰插话说："让弟弟去试试吧！他学习成绩不错，退学后又坚持自学，也许有把握呢。"母亲也说要得，鼓励儿子去应考。这样，杨奚勤报考南充高中，并顺利被录取了。

入学后，他担任了中共南充中学支部委员，继续组织学生开展抗日宣传活动。不久，引起学校当局的注视。1940年夏，入学不到一年的杨奚勤又被学校当局开除了。冷酷的现实，使他明确了一个道理"天下乌鸦一般黑"，穷人要翻身，要自由，必须从根本上推翻这个旧世界！

他愤愤不平地离开了南充，次年考入重庆精益中学。这里有一位曾在南充中学任过教的老师黄天明，他很了解杨奚勤。一天，他问杨奚勤的"志向"，杨奚勤坚定地回答："为了振兴中华，倘遇危难，献身而已！"黄老师听后，赞叹不已！

1942年，杨奚勤以优异的成绩考入了复旦大学经济系（抗战时，复旦大学迁址北碚）。在学校里，他办墙报、写文章、组织"民主青年社"，团结了一批进步师生与三青团做斗争，还秘密发动知识青年到川东、川北农村去，撒播革命火种。入学不久，杨奚勤便和武胜籍的大学生组织成立了"武胜旅碚同学会"，并办有会刊《武胜碚友》。会刊除刊载武胜籍同学的学习、生活状况和武胜县的消息外，还报道重要的时局消息。同年3月，杨奚勤还参加了岳池同学会，其目的是通过学会的组织形式开展进步宣传。在学会活动更加隐蔽，所以他在学会的工作更加活跃。1945年夏，在杨奚勤的倡导下，成立了"武胜旅碚同学会暑期宣传队"，在暑假期中，回到武胜公演，连续演出了几个晚上，剧目有吴祖光先生编的《少年游》和秧歌剧《送郎出征》《胜利舞曲》等。杨奚勤不仅编导，还亲自参加演出，扮演角色。杨本泉、杨益言等20余人也参加了演出，轰动了武胜县城。

杨奚勤刻苦学习的精神令人敬佩。新闻系的同学杨本泉，课余时间去找他，总是看到他在研读《资本论》。经济系里有些学生，却连《资本论》的书翻都没有翻过。

杨奚勤的文学底蕴很厚，在一次学校举办的写作竞赛中，他曾获得头奖：一只怀表。经济系教授漆济生先生很赏识他，彼此来往密切，经常共同探讨有关社会经济问题。

1943年初，在中共中央南方局党组织的关怀下，重庆复旦大学创办了一份《中国学生导报》，其宗旨是探索中国革命的前途，为"学运"服务。在全国的影响很大，该报副社长是陈以文，杨奚勤也是负责人之一，并与李君甫、蒙泽梁一起搞发行。为此，杨奚勤还在离校不远的东阳镇租了一间房子，封发包贴，邮往全国各地。杨奚勤还常常为《中国学生导报》撰稿，评论时政。

不久，复旦大学农艺系学生李吉光（中共邻水特支委员）发起成立"民主青年社"，推举李君甫和杨奚勤负责。杨奚勤积极参加筹备工作，正式成立时，杨奚勤任该社委员。这样，李吉光结识了杨奚勤，两人常在一起参加活动，彼此感情十分融洽。李吉光估计杨奚勤也是中共党员，便有意识地问他入党没有？杨奚勤说："参加过中共，现已失去联系。"杨奚勤问李吉光："你?"李吉光回答："参加过。"当时，李吉光的组织关系在邻水，李嘉庆是中共邻水特支书记，李吉光是委员。因党有铁的纪律，不能随便暴露身份，双方互相理解，没有再问下去。

1946年初，李吉光和杨奚勤还在复旦大学读书时，岳池县尚用中学董事长周绍文，写信约聘杨奚勤回去任校长，杨奚勤又约李吉光当教务主任。他俩商定，以尚用中学为基础，开展党的工作。李吉光把这件事向中共北碚中心县委书记向远（即蒋可然）做了汇报，邻水党组织当时属北碚中心县委领导，并立即得到组织同意。

接任校长遭遇"鸿门宴"

1946年7月，杨奚勤和李吉光一起来到岳池尚用中学拜望尚用中学董事长周绍文。周绍文是思想比较开明的地方名人，谈话的主要内容是希望尚用中学能办出特色，教育出一批有才学、具有正义感的栋梁人才。周说："杨校长，我年纪大了，办学经验不多，你们是复旦大学的高才生，希望你们多提一些建议，我支持你们干。"杨奚勤和李吉光十分高兴，有这样一个教育平台，不仅可供两位年轻人大干一场，还可以为党做更多的工作。有了周绍文校董做后盾，他们的胆子就更壮了。

杨奚勤接任尚用中学校长后，首先挑选了一批思想进步、有学识的人担任教职员，如徐庶声（教体育、童军）、郭兴白（教理化）、秦仁佛（教图画、音乐）、周朗之（医生）、冯万合（职员）、卿泽桂（职员）等，其次，计划在尚用中学和罗彬家建立两个宣传和组织群众的据点。尚用中学教职员多系本地人。杨奚勤、李吉光通过与学生家长谈话、走访等形式，发动群众，对学生进行思想教育，通过谱写革命歌曲和排演小话剧，向群众宣传。罗彬是一个绅粮，思想进步、社会关系广，家产很大，每年要收1000多担租谷，父母双亡，只有兄妹两人。杨奚勤与罗彬关系密切，通过协商，罗彬同意在自己家建立据点。于是，李吉光将邻水的陈子凡调去做罗彬的家庭教师。同时，利用罗彬的社会关系，开展党的工作。

1946年10月，王璞、曾霖与北碚中心县委书记李家庆到罗渡与李吉光联系。李家庆将李吉光的组织关系交给王璞。当时，李吉光汇报了尚用中学的情况，特别交代了杨奚勤、徐庶声等是早期党员，失掉联系后，仍继续做党的工作，表现很好，建议恢复他们的党籍。1946年11月，王璞根据清理组织关系原则，批准杨奚勤重新回到党的怀抱。杨奚勤干劲倍增，更加积极地为党工作，在尚用中学还发展了一批新党员。1947年，尚用中学党员有徐庶声、段淮彬、谢志光、杨英杰、张正祥、郭兴白、田应泗等20多人。学校成立了党支部，杨奚勤任支部书记。

尚用中学的各种活动，尤其是为华蓥山武装斗争培训骨干的活动，引起了国民党县党部和特务的注意。

第二年夏天，岳池县特委会主任、特务头子曹佛之特意设宴，请杨校长"赴宴"，特务们准备在宴席间试探真情，乘机逮捕杨奚勤，向上司邀功请赏。

这张请帖摆在杨校长的办公桌上，这是鸿门宴，去，还是不去？去有可能被捕，一去不回。不去，敌人会更加怀疑杨奚勤是共产党。一位语文老师建议："校长，只身深入虎穴，恐怕凶多吉少，还是不去的好！"

杨奚勤沉思了一会儿，心想：不去吧，岂不是自己心虚了吗？又一想，特务只是怀疑，自己并没有被敌人抓住什么把柄，既然请了，还是要去赴宴，才能稳住敌人，不去，反而暴露了自己，就中了他们的奸计。杨奚勤换了身蓝布长衫，风度潇洒，文质彬彬而不失斯文大度地来到"鸿门宴"的厅堂。

宴厅门口，一层层岗哨，枪尖刺刀寒气逼人。宴厅座位上，左右两侧坐着四个彪形大汉，上方坐着豪绅、特务，目光逼人。曹佛之满脸堆笑，假惺惺地客气："杨校长大驾光临，实在是为我们今天的宴会增光添彩，我代表在座诸位表示欢迎！"桌上的目光齐刷刷地看着杨奚勤，有的伸出了巴巴掌。

杨奚勤沉着应对，从容答道："贵官过奖了，不必客气！"

话音刚落，曹佛之却阴阳怪气地说："久闻杨校长思想民主，教学有方，劳苦功高啊！是我县一进步高才，我辈万分钦佩！"

杨奚勤一听，这话中有话，莫不是……管不到那么多了，他爽朗一笑说："学校乃各位出钱所办，要说劳苦功高，为国家培养栋梁，诸位岂不比我更进步吗？我不过是一个穷教书的，承蒙诸位赐以糊口之所，我倒该多谢诸位思想民主、海量招贤！"杨校长理直气壮把"民主""进步"的帽子甩了过去，弄得特务理屈词穷，哭笑不得。

曹佛之为了暂时缓和一下气氛，便冒叫一声："开宴！"

酒过三巡，一个肚大腰圆的国民党县参议员挺了挺身子，推了推挂在鼻梁上的眼镜，得意地说："杨校长，近闻贵校信仰马列者甚多，今日见面，觉得先生真像个马列信徒耶。因为列宁是个光头，先生你的前额也毛发甚稀啊！"特务撩拨的语言又深入一层，一双双贼眼直盯着杨奚勤。

杨奚勤笑了一笑，用手帕微微擦了一下嘴角，点燃一支香烟，从容答道："先生差矣，蒋委员长头发全秃，也是马列信徒？也是共产党？在座诸位，也有发少者，照你们的话说也该是共产党啰！若按先生的奇怪逻辑推论，天下秃顶者，皆为共产党人，恐怕监狱里早就装不下了吧!"

那个自鸣得意的参议员，被驳得哑口无言、脸红耳赤，尴尬地低下了头。在这虎狼窝里的"鸿门宴"上，敌人丑态毕露，笑话频出，没捞到半根稻草，倒是杨校长智斗顽敌、舌战群魔的故事却在四面八方传开了。

两场婚礼上的斗争

1948年3月，岳池中学学生徐荣枢接到地下党组织通知：立即办好转学手续，去尚用中学报到。他还未想通，他在岳中上学好好的，为什么要到尚用中学去? 但这是组织的决定，他还是办好转学手续，去了罗渡。

开学后不久，校长杨奚勤与徐荣枢接上了组织关系，并叫徐荣枢以找校长补习英语为掩护，在一起过组织生活。因为他俩还沾一点亲，不会引起敌人的怀疑。开学后第二周星期六的晚上，徐荣枢到杨校长的寝室去，问道："杨校长找我有事吗?"徐荣枢看着杨校长，人很年轻，头略秃顶，满脸的络腮胡，健壮的体形，一双炯炯有神的眼睛，令人肃然起敬。杨校长严肃但又很轻声地说："你的关系转到我这里来了，因为开学工作忙，所以今天才找你，请你谅解。以后，我俩一起过组织生活，你的工作由我安排。"杨校长呷了一口茶，接着说："每星期六晚上，我在寝室等你，你直接来就是了，一定记住，每次来都要带上英语课本。"

第三周的星期六晚上，徐荣枢带着英语课本，来到杨校长寝室，坐在办公桌前，将英语课本摆在桌上，共同过第一次组织生活。徐荣枢年少，困惑地问："校长，过组织生活为什么要带英语书?"杨校长看着充满稚气、缺乏社会经验的徐荣枢说："这是我们地下工作掩护的工具，万一有人进来，我就给你教英语。"徐荣枢这才恍然大悟，可是他还是有疑问："校长，若是别人问我，怎么校长给你补英语? 我怎么回答呢?""你就说我们是亲戚。"其实，杨奚勤是徐荣枢亲八叔的姨侄，他们可算是表兄弟了。杨奚勤呷了一口茶："你还可以说就是因为英语不好，才转到尚用中学来的，目的就是请杨表兄给我补习英语嘛。"听了杨校长一席话，徐荣枢的心里才更加亮堂了，也知道组织为什么要他转学到尚用中学来了。

有一次，他俩正在研究工作，突然听到门外有脚步声，杨奚勤便大声读起英语来，并对徐荣枢讲解。原来，是总务处职员来找杨校长谈工作。

不久，学校调来一个叫高尔卓的英语老师。杨奚勤告诉徐荣枢："据情报，此人是国民党特务，还是'红旗特务'。所谓'红旗特务'，就是平时言论进步，经常手不离进步书刊，以进步的假象掩盖其真实的特务身份。如果你被他的表面现象蒙蔽而接近他，靠拢他，那正是他求之不得的，你最终就会上当。敌人已经注视我们了，你要提高警惕，对他要多留心观察。"

之后，徐荣枢果然看见他读艾思奇的《大众哲学》，而且作了读书笔记，这戏演得真像哩！又一次，杨奚勤教徐荣枢如何跑交通。他说："你过去一直在城里当交通员，现在跑农村，范围扩大了，路线增长了，任务加重了，方式也变化了，工作方法要适应，要多长几个脑袋，遇事多问几个'为什么'。如去胡家坪或伍家河的路线，就不止一条，为了工作，条条道路你都要熟悉。道路的远近，道路的僻静程度，路上的关卡是否严格等等情况你都要了如指掌。如果这条路上出了问题，又改选哪条路最安全，你都得心中有数。"后来，徐荣枢在跑交通时，严格按照杨奚勤讲的办，没有出现差错。

1948年7月，暑假里，尚用中学的高尔卓正在举办婚礼。英语教师高尔卓要在学校举行结婚典礼，作为校长，杨奚勤是主婚人，又是证婚人。在这之前，杨奚勤给徐荣枢布置了三项任务：第一，你和球队及壁报社的同学留下来为高尔卓的婚事帮些忙，并作为学生代表参加高的婚礼，让高感到你们是他的忠实学生；第二，婚礼在星期日举行，星期六下午你去广罗乡（当时罗渡有一条属广安管辖的街道）理发店理发，带去书本，理完发后，就在那里一边看书，一边注意高尔卓的一个舅子（合川县某乡乡长），他要来参加婚礼，看他带多少人，多少枪，从哪边而来；第三，在整个婚礼中，如果有异常情况，立即去胡家坪或伍家河报告。

那天，高尔卓的婚礼平安无事，没有发生意外，他那当乡长的舅子只带了2个乡丁和2支短枪。杨奚勤和地下工作者们不卑不亢，热闹度过，但杨校长内心却异常紧张，因为离起义的时间不到一个月了。

另一场婚礼，同月在岳池县城小学里举行，那就是杨奚勤的婚礼。因他是众所周知的复旦大学毕业生，而今又是尚用中学的校长，也算得上是县里的头面人物，前来祝贺的人很多，县长肖毅安做证婚人。男女傧相则由徐荣枢和徐荣春（徐荣枢八叔之女）担任，表弟表妹给表兄做傧相，格外自然而亲切。

肖毅安在婚礼上发表了热情洋溢的讲话，说什么"百年偕老"之类的吉祥话。生活总是那么作弄人，那么富有戏剧性。想不到这个县长后来带领民团在走马岭"围剿""共匪"，要捉拿的人，竟是这位尚用中学的校长！而杨奚勤领导的游击队，打得这个县长大人落花流水，焦头烂额，躲在碉楼里不敢动弹。

在杨奚勤的婚礼上，肖毅安致辞后，高尔卓还用英语说杨校长很像"Engels"，引起在场的人哄堂大笑。晚上，他对徐荣枢说："卓说我像恩格斯，别理他，我们心中有数，要沉住气。"

杨奚勤新婚的第五天，徐荣枢气喘吁吁地跨进杨奚勤的新房，急切地对杨校长说："徐庶声（第七工委书记）和曾霖同志叫我赶快进城来通知你回校，学校有要紧的事，请你火速回去！"

原来，就在7月4日，重庆行辕二处的特务根据叛徒提供的线索，到广安逮捕了中共上川东地工委委员骆安靖和交通员马正衡等。王璞在回广安的路上得知这一消息后，非常震惊，这说明中共重庆市委书记刘国定已经叛变，目前武装起义的目标很可能已经暴露，只有提前发动武装起义，把队伍拉到华蓥山，建立游击根据地，才能有效地保护同志。在情况万分紧急的情况下，来不及召集中共川东临委会议，只能召集中共上川东七、八工委紧急会议进行部署。

杨奚勤是第七工委委员，会后，王璞派杨奚勤到广安传达中共川东临委罗渡会议精神。

建立队伍准备伏龙起义

1948年2月，中共川东临委书记王璞来到岳池组建中共上川东七、八工委时强调，今后一段时间重点是发展党的组织，每个工委要建立一支或两支武装队伍。第七工委由徐庶声任书记，刘石泉、杨奚勤、李辉、李成、张伦为委员。到1948年7月第七工委先后建立了河东、河西、肖（家）广（兴）三个区委和尚用中学、华蓥两个特支，党员发展到500多人。7月中旬，杨奚勤专门到华蓥检查武装起义准备情况。杨奚勤来到中共党员韩明楷家，李万亨、李万富来后，杨奚勤叫汇报起义准备情况。李万亨汇报说，他家里有3支手枪，两个叔父也有3支手枪，另外还有十来支步枪，会打枪的有6人，韩明楷也控制了6支手枪、十几支步枪，李万富那里只有步枪，没有手枪。杨奚勤听了很满意，短短四个月时间，就建立起了一支30余人的武装队伍。杨奚勤派交通员张正祥去石龙场担任支部书记，很快建立了一支武装队伍，以秦耀为首的一支绿林队伍也被改造收编为党的游击队伍，石龙乡公所的枪支也控制在了地下党手里。这时，杨奚勤来到石龙场，当听说华蓥山下的"谭大爷"控制着几十号人枪，又处去华蓥山的必经之道上，他决定亲自深入虎穴，去拜会"谭大爷"，目的是想收编"谭大爷"的几十号人枪，但谭很固执，未能奏效。由于这里地势险要，是上华蓥山的必经之道，争取到"谭大爷"严守中立，也解除了后顾之忧。

起义前夕，杨奚勤再次以走亲戚的名义到了华蓥乡张家湾的岩头，与李万亨、李万富、韩明楷一起研究如何拔掉华蓥乡伪乡长韩春祥这颗"钉子"。杨奚勤说："韩春祥长期占据华蓥山区的咽喉，又与地方恶势力勾结，我们去做了那样多的工作，他仍不愿意弃暗投明。如果不坚决拔掉这颗钉子，我们在华蓥山一带就难于立足。"大家讨论了一些方案，决定由韩明泉、陈治全去，但又考虑到这两人与韩春祥是小同乡，相隔很近，恐有顾虑，难以下手。最后决定由陈治全下手为宜。杨奚勤约定"下手时间另行通知，在执行时，韩明泉带人接应"。隔了两天，李万亨带着祝向柏来敲寨门，开门后，李万亨叫韩明楷出来，轻声说："伍俊儒已将部队拉到李成家里来了，杨奚勤同志还没有走，他决定打韩春祥，明天动手。叫我带人去执行，你去接杨奚勤和伍俊儒的部队。"当天晚上，韩明楷和祝向柏走到打鱼滩，天刚亮就接到伍俊儒带的 30 多人枪，然后带到猫儿沟树林里隐蔽起来。这天恰逢华蓥当场，大家等到上午 10 点左右，仍然没有听到街上枪响，伍俊儒对韩明楷说："我们肚子饿了，你是本地人，去找点东西来吃。"

韩明楷回家找到 20 封米花糖和三十几个二米粑，被其父看到了，恶狠狠地说："我的德国造手枪哪去了？你要造反哪？不知天高地厚的东西，从今以后，我们断绝父子关系……"韩明楷背起吃的，也不管父亲在屋里咒骂，一溜烟跑到猫儿沟，等到下午仍未听到枪响，伍俊儒带着队伍便朝伏龙方向去了。

原来是保长韩二瞎子去透了消息，当时韩春祥正在理发，听到消息后，扯掉围裙一溜烟跑回乡公所的碉楼里，也不管半边头还未来得及剃，立即加派岗哨和守护，去执行的看到这种情况就未动手了。

伏龙起义前两天，杨奚勤和李成对韩明楷说："组织上给你一项工作，就是到中和乡去做乡长王泽生的工作，把他拉过来。"李成接着说："老韩，你和王泽生很熟，他不会怀疑你。王泽生的机枪手是我们的内线，如果能够将王泽生拉过来，对起义很有利；如果拉不过来，只要能让他保持中立，也可以减轻我们起义的压力。"韩明楷赓即带着游击队员秦耀和老胡等 4 人去到王泽生家。王泽生表面热情接待："坐坐坐，倒茶！"其实早有准备了，帮他背枪的（警卫员）李盲子，见到他们就把枪摸到，十分警惕地注视着这突然到访的"不速之客"。由于戒备森严，韩明楷不便深说，寒暄几句后，便向王泽生告辞回到了伏龙镇……

没想到，起义后，杨奚勤在一场突然的遭遇战中不幸身亡，战友们无不悲痛万分……

杨奚勤牺牲时年仅 29 岁。

21

重兵"围剿"起义军，黄花岭警察局长毙命

　　广安代市、观阁爆发武装起义后，接着武胜三溪、岳池伏龙、合川金子、武胜真静相继爆发起义。重庆绥靖公署主任朱绍良和四川保安司令王陵基十分震惊。朱绍良立即下令成立"清剿"指挥部，调派国民党少将樊龄带领内二警大队人马"围剿"华蓥山起义队伍。王陵基立即调派省保安十团、十一团等反动武装镇压革命起义，并派出特务、宪兵、警察部队组成十县联防网络，侦察、跟踪、追堵起义队伍。

　　1948年8月24日，王璞派王玉光与石盘乡乡长王屏藩联系，要他准备起义，迎接四支队起义队伍。早在1947年11月，中共川东临委即派罗永晔、易难等中共党员干部深入石盘乡公所和石盘万寿桥一带和上层人士交朋友，开展统战工作。石盘乡乡长、县参议员王屏藩对国民党政府的腐败十分不满，对革命充满渴望，经过党的教育帮助，终于改变立场，参加了中国共产党。他充分

利用乡长的合法身份，将两面政权经营得十分出色。以"防匪""剿共"的名义公开购买武器、训练队伍。并利用袍哥关系、亲戚关系，对乡、保武装人员进行革命教育和训练，得到许多乡丁、保丁和农民群众的拥护。一支武装队伍迅速按预定计划组建成功，只待行动的命令了。

8月28日，王屏藩天刚亮就赶到石盘乡公所，把乡、保武装人员集中起来，严肃地对大家说："今天外面风声不好，可能有事，要警惕，不能随便外出，就在乡公所内待命。"上午10时左右，他把队伍带到上场口"义学堂"操场坝，他站上讲台，满怀激情自豪地对大家说："我王屏藩是反对国民党的，今天，我要带领大家上大龙山去投奔共产党。要革命的跟我走，不愿意去的把枪放下，可以回家。"兵丁们异口同声地说："我们跟王大哥走，拥护共产党，打倒蒋介石！"

王屏藩环视一下队伍，满意地笑了："大家都愿意去嘛，那很好，我们现在就上山！"

王屏藩带领彭明德、秦村云等80余人，荷枪实弹，直奔大龙山。王璞、陈伯纯率领四支队指战员下山迎接，大家高兴得跳起来，互相问长问短，亲如一家。纵队政委王璞宣布，任命王屏藩为"西南民主联军川东纵队第三支队司令员"，张伦任政委。王璞问王屏藩他们支队下面人选是如何安排的，王屏藩回答："彭明德以前在国民党部队受过训练，有指挥能力，当手枪队队长；付明山也在军队受过训练，做步枪队队长。"王璞连连点头赞同。接着，王屏藩请王璞讲话。

王璞对大家说："新来的同志们，我们是中国共产党领导的革命队伍，是为人民群众翻身求解放的队伍。当前，中国正在进行着两种命运、两种前途的大决战。以蒋介石为首的国民党反动政府，要镇压人民革命，消灭中国共产党领导的人民武装，妄图建立反革命独裁政府。以毛泽东主席为首的中国共产党，领导全国人民取得了抗日战争的胜利，要建立一个以全国绝大多数人民为基础的人民民主政府。但是，以蒋介石为代表的反动政府，不愿意人民起来当家做主，千方百计地限共、反共，逮捕共产党员和革命群众，要么枪杀，要么关进监狱，实行残酷的白色恐怖，镇压人民群众的反抗。我们武装起义，就是要配合解放军正面战场，打烂蒋介石在国民党统治区的坛坛罐罐，迎接解放大军入川，解放国统区、解放全中国……"参加起义的同志听了王璞的讲话，深受鼓舞，群情激奋。

午饭后，王屏藩布置一部分人守住大龙山，三、四支队在王璞、陈伯纯、王屏藩的带领下直接进入石盘乡公所，搜出各种文书档案进行销毁。有的战士去到街头巷尾、茶楼酒馆宣传党的政策、起义军的政治任务和革命纪律，有的张贴布告、标语；有的战士去占领粮仓，开仓济贫，把800石黄谷发放给穷苦百姓。当地农民第一次从官府的粮仓里拿回了自己用血汗种出来的粮食，欢天喜地，笑逐颜开，说："大龙山天亮了，好日子来了！"

两小时后，队伍撤回大龙山营地，晚饭后，司令部又派出部分战士下山，收缴了街上和附近地主绅粮的枪支武器。

第二天中午，起义军正在山上休息，王屏藩的妻子带着儿子上山，对着王屏藩泪流满面，依依不舍。王屏藩安慰她说："为了解放劳苦大众，我是要走的。别伤心，你回去后，家中财产由你处理，你到远方亲戚家去住，要躲避国民党反动派对你的抓捕和迫害，等四川解放后，我们再团聚吧！"他满怀深情告别妻儿。之后，王屏藩和王璞、陈伯纯一起，带领起义队伍，向岳池方向挺进。

部队从石盘乡大龙山，经观音桥、癞子石坝、大坟坪，到岳池县平滩乡扯渡河周围宿营。次日到达岳池县石龙乡。三溪起义后转移到石龙乡的杨伯超、唐均祥等三十几名游击队员也赶了过来，队伍扩大到300人左右。当晚，部队开到岳池县清溪乡黄花岭附近扎营。

起义队伍声势浩大，国民党地方军警和县、乡武装也跟踪来到黄花岭一带，四面围堵起义队伍。

8月31日拂晓，王屏藩布置在院外的岗哨发现敌人，于是鸣枪报警。陈伯纯正带着通讯班查哨，也发现了敌情。一股敌人已抢占了龙家河边的山坡，向三、四支队驻地逼近。司令员命令部队抢占黄花岭高地。陈伯纯派通讯员去向王屏藩司令汇报，请调机枪班前来增援。王璞得到消息，立即将三支队伍全部拉上黄花岭，在糍巴门架设了机枪，向正面之敌展开猛烈攻势，其余火力分布在黄花岭后山坡两侧。陈伯纯带领小分队深入前沿阵地庙东坡，进行佯攻，诱敌深入，起义军主力则在黄花岭上，居高临下，狠狠地打击敌人。

原来，南充警察局长林廷杰，奉命带了两个警察中队200多人，从南充、岳池交界的同兴乡过龙家河，向起义队伍正面扑过来。罗升平带着岳池西溪、石龙、同兴三个乡的自卫队100多人，向黄花岭左翼攻来。南充县李渡乡保丁和岳池、武胜的县警察中队也先后到达了黄花岭。战斗打响后，敌人发起多次冲锋。游击队机枪手符月清身受重伤，副机枪手刘尊吉立即补上。游击队沉着应战，待敌人进入埋伏圈内，刘尊吉瞄准恶贯满盈的林廷杰连续几个点射，这个杀人不眨眼的刽子手被击毙，顿时断了气。敌警长杜俊明上前去搀扶，手刚伸过去，瞬间也被击中左手掌，林廷杰的卫兵去救，也被打倒在地。敌号兵见势不妙，甩掉军号便跑。

敌军头目被击毙，一时无人指挥，乱作一团，仓皇逃命。起义队伍正乘胜追击时，阵地左侧罗升平带领的敌兵在金鸡坡下向游击队猛烈扫射。司令部立即下令停止追击，坚守黄花岭高地，集中力量歼灭左翼之敌。

罗升平的乡保武装被起义队伍左右夹击，队员们高喊："活捉罗升平！""抓活的呀！"边喊边冲下山去。突然，武胜县县长张洪炳带领的警察中队和乡丁民团300余人从西溪方向赶来增援罗升平。王璞分析，短时期内无法解决战斗，敌人又远超游击队人数，硬拼于己不利，便派王屏藩带一部分战士在金鸡坡阻击敌人，掩护部队转移。

　　游击队在黄花岭一战取得胜利后，到附近的四方寨驻扎下来。

　　9 月 1 日，王德鹏以及三溪起义的部分战士来到黄龙山，并入三支队。这下起义队伍进一步壮大了。司令部决定越过南充、岳池边境，向北进发。由王德鹏带领一支队伍做向导，攻打岳池、南充交界的鄢家场乡公所，夺取枪支弹药。中午，先头部队赶到鄢家场，部分战士在乡公所对面坡上，架起机枪、封锁两边场口。游击队员没有遇到任何抵抗，迅速冲入乡公所。原来鄢家乡的正副乡长听到黄花岭战斗中起义军击毙了南充警察局长的消息，闻风丧胆，提前在深夜逃跑了。留下的 5 名乡丁，吓得魂不附体，面如土色，乖乖地交出了 17 支步枪、5 支手枪、300 余发子弹和全部文书档案，跪在地上，口里喊着"饶命啊!"政工人员向乡丁宣传了共产党的俘虏政策，指出，只要你们不继续作恶，放下武器，就可以宽大处理。队伍在街上贴出安民告示，向群众宣传起义军的政策、纪律，然后在街上购买了一些食品，准备饭菜，迎接大部队的到来。

　　听了起义军的宣传，群众认识到起义军是为劳苦大众谋利益的，是共产党领导的队伍，一位大爷激动地说："共产党的队伍真好啊，硬是买卖公平，我活了六七十岁了，只晓得兵匪一家，到处烧杀抢掠，奸淫妇女，抢夺民财，什么都干得出来，从来没见过你们这样好的队伍啊!"

22

十二洞桥战斗

　　黑耳场血战，政委杨奚勤不幸壮烈牺牲，徐庶声、刘石泉眼看着战友牺牲却无可奈何，幸好在杨奚勤牺牲前两分钟，用冲锋枪压制住了敌人的火力，队员们乘势冲上斑竹园，夺回了制高点。指战员们化悲痛为力量，以百倍的仇恨，冲破敌人重重包围，攻占了敌人的高梯梁子，在敌人阵地开花，打得敌人晕头转向，抱头鼠窜。游击队回头一看，得知司令张蜀俊等还被困在院子里，徐庶声立即命令王普全带领几个队员打烂墙壁，掩护他们突围，上了院后面的柏树坡。又发现二中队队长陈次亨还在院内，王普全等又冒着生命危险，再次返回，将受重伤的陈次亨背了出来。战斗持续了4个多小时，打死敌机枪班长1人，士兵3人，打伤敌人10余人。天渐渐黑了下来，敌人听到起义军吹起了冲锋号，害怕游击队再次强攻，赶快撤走了……

　　队伍突围后，游击队分散成了若干小股，徐庶声和刘石泉带领的 60 余人，在敌强我弱的情况下，决定暂时分散隐蔽。徐庶声和刘石泉约定，两天后，各自带队到合川古城乡会合。后来，徐庶声在合川肖家乡去古城乡的途中被敌人逮捕，刘、徐会合的计划未能实现。

伍俊儒和秦耀带领的突击队，与敌人一直战斗到夜间。敌人撤走后，他们又返回水洞湾寻找大部队，与张蜀俊带领的部分人员会合。张蜀俊、伍俊儒、秦耀认为，部队已经分散，按原计划在万明寨集中已经不可能了，决定精选 20 多人组成小分队，到合川金子沱去找王璞、陈伯纯的队伍，剩下的人员一部分分散隐蔽，另一部分护送二中队队长陈次亨安全转移。司令员张蜀俊、突击队指导员伍俊儒、队长秦耀带领王普全、蔡旭东、高树云、屈映、韩明楷、段青荣等 20 多名小分队队员，星夜兼程奔向合川金子沱。

重庆内二警原来认为游击队是"土共"，没有多少战斗力，经水洞湾一战，游击队大杀了敌人的威风。突击队只用了一挺机枪、6 支冲锋枪和一些手枪开路，敌人占绝对优势的兵力、武器和有利地形，结果却被英勇善战、顽强拼杀的起义军打得落花流水。战斗从下午 4 时打到晚上 8 时，游击队击毙敌军机枪班班长潘子荣和士兵 3 人，重伤敌兵 10 余人。敌人以为游击队使用的是"中心开花"战术，向两侧转移的游击队是准备夹击内二警，怕被包了饺子，趁天黑慌忙逃回武胜县城。

游击队撤离水洞湾，无法将政委杨奚勤的遗体带走，第二天，杨奚勤的遗体被敌人发现，敌人将其抬到黑耳场猪市坝"示众"，还用机枪扫射烈士的遗体，残酷至极。农民杜建安和丁金城怀着对杨奚勤的无限崇敬，夜晚将烈士遗体掩埋。

1948 年 8 月 30 日拂晓，司令员张蜀俊与伍俊儒、秦耀等带领 20 多位游击队员离开水洞湾，向合川金子沱出发。当时，敌人在合川、武胜的通道要隘设卡盘查。游击队分散为 3 人、4 人不等的小组，分头行动，在合川县十二洞桥附近集中。这时，人员又大大减少，只有张蜀俊、秦耀、伍俊儒、王普全、蔡旭东、韩明楷等14人，一挺机枪，4支冲锋枪和几支手枪。当天晚上，游击队来到三面环水，前临溪河，建在路边上的李家草房，决定在此暂时休息一下。李家有三口人，两个儿子，一个叫李天海，一个叫李天忠，母亲邹明秀。母子三人正在院坝乘凉，突然发现来了十几个生人，惊慌起来。司令员张蜀俊说明来意，他们才消除了恐惧。张蜀俊问李天忠现在干什么工作？李天忠回答是抬滑竿的。张蜀俊对他说："在这个社会里，抬滑竿是下力人，很辛苦，为什么这样辛苦？你们要想翻身，过上好日子，只有干革命。解放后，就用不着抬滑竿了。"李天忠说："不抬滑竿，哪来生活？"张蜀俊送给李家一些钱，使他深受感动。他们认识到只有共产党才能领导穷苦人民求翻身，便热情地接待这些游击队员。他们告诉张蜀俊说："水洞湾战斗后，国民党在这一带清乡，挨户搜查。老百姓背地里传说，游击队里有许多'能人'，一个个腰插双枪，用的是'连珠炮'，子弹专门往国民党的兵身上钻，见了穷人会拐弯……队员们听了，深受鼓舞，更加坚定了斗争到底的信心。"

李母借了米，熬了稀饭，炒了嫩海椒，让队员们饱餐了一顿，游击队员给他家付了生活费，李家人更为感动。

当地甲长刘海全是李天忠姐姐的邻居，当李天忠去姐姐家借米时，刘海全知道了游击队的情况，立即跑到高滩子向土霸王蒋松桥报告（蒋曾任过国民党的营长，有20来条枪，称霸一方），接着又去乡公所告密。

8月31日下午，乡大队长王均然带领乡公所的乡丁、保丁30多人，先去包围当地赖二爷的院子，接着又搜了几个院子，都未见到游击队的踪影，骂刘海全谎报军情，掉头回去。走到十二洞桥附近的蜂子岩李天忠的草房檐边时，敌人仍叽叽喳喳，骂个不停。有人说："哪里有什么共产党嘛！"有的说："有他妈个鬼，是刘海全那龟儿子扯谎。"乡丁唐龙甫从房后去扒草房墙上的芭茅梗，窥看李家屋内有没有人。他刚把头伸进屋里，就被秦耀一枪击中，倒栽下来。院子左侧的一名乡丁抬头一望，即被游击队打掉了牙齿，他还以为是自己人打的，高声骂道："你们打得好，把老子都打到了。"另一名叫"王喳闹"的乡丁也吼起来，"耶，打不得哟！我是王道清哟。"只听"呼"的一声，"王喳闹"应声倒地，魂归西天了。紧接着，游击队员又打死打伤两名乡丁。随即游击队员迅速从草房后墙跳出来，藏在房后的竹林草丛中，同乡保丁展开了激烈的枪战。

乡大队长王均然边跑边向游击队员开枪，游击队员高树荣从后门冲出来，举枪击中王均然的腰部，王均然跌落到岩下。高树荣误认为王已被击毙。殊不知诡计多端的王均然已爬到岩洞内躲藏起来了，等到高树荣走近，举起枪，击中高树荣的头部，高树荣当即倒地，壮烈牺牲。游击队撤走后，伪乡长杨如林将高树荣的遗体弃于路边"示众"。农民李任光等待乡丁走后，才将高树荣的遗体抬到河边安葬……

这一仗，游击队以少敌众，以弱胜强。游击队击毙敌兵3人，吓死副乡长1人，打伤乡队副1人，缴获手枪1支、步枪6支，取得辉煌战果。胜利的消息迅速传遍四方。当地老百姓绘声绘色地说："共产党的游击队像神兵天将，来无踪，去无影，神出鬼没，战无不胜。""吓死胖墩墩，打死干筋筋，跑落裤子是陈咬金（陈跃清）。"副乡长谢子西长得肥头大耳，人们称他"胖墩墩"，在游击队的打击下，吓得魂飞魄散，回到家不几天就死了。"干筋筋"是指王道清，他枯瘦如柴，但嗓门大，是有名的"王喳闹"，被游击队击毙，乡长陈跃清，被打得屁滚尿流，仓皇逃窜，裤腰带都跑掉了，丑态百出。

9月2日，游击队在合川十二洞桥遇敌后，把乡保丁打了个落花流水，狼狈逃窜。游击队也不敢在此地久留，趁夜色的掩护，离开合川十二洞桥，绕过敌人的哨卡，沿着渠江边崎岖的山路，深夜到达合川金子沱附近。张蜀俊、秦耀通过农会会员了解到，王璞、陈伯纯的部队打下金子乡、武胜真静，在石盘乡与王屏藩的起义部队会师后，已向岳池县境进发。队员们听到这里，个个摩拳擦掌，士气大振，决定到岳池找大部队。正要出发，金子沱有 10 多个农会会员要求参加游击队。他们说，金子沱起义后，敌人在这一带到处抓捕游击队和共产党人，与其在家坐而待毙，不如上山打游击。大家表示欢迎他们入伍。

秦耀宣布要到岳池找王璞时，有的农会会员提醒：金子沱起义后，重庆派来的"内二警"和保安队在合川、武胜等"清剿"加剧。如果游击队按起义部队进军路线去找大部队，会凶多吉少，困难重重。于是，张蜀俊、伍俊儒、秦耀改变路线，决定二上华蓥山，坚持斗争，等待王璞、陈伯纯起义队伍的消息。

游击队因金子乡农会会员 10 多人的加入，队员增至 30 多人。游击队员连夜绕过合川天星桥，经蒲溪河，正欲渡江，发现敌人已经封渡。同时，敌夜巡队也已发现游击队的行踪，打着火把向游击队追来，"砰砰啪啪"的枪声和"抓共匪"的叫喊声不绝于耳。侦察员屈映回来报告：敌人封渡很严，沿岸所有渡船连人带船均被敌人集中扣留在渡口，由敌军一个连把守。前面有大江拦路，后有追兵袭击，情况非常紧急。

秦耀提出："大家只有沿着河岸跑，设法摆脱敌人，寻找渡船过江，我来断后，对付尾追的敌夜巡队。"他鼓舞士气说："老子们不是当年的西楚霸王，不会困死在乌江边。"大家按照秦耀说的办法，沿着河边，一口气跑了四五里地。跑在前面的屈映突然停了下来。他指着河心说："河心有灯光，好像有船！"大家定睛细看，果然有一只小船在茫茫的夜色中闪着微弱的灯光。大家感到有了希望，顿时轻松了许多。准备喊船，又怕被敌人听到，惹起麻烦，指导员叫会游泳的屈映泅水过去叫船。屈映放下卡宾枪，脱了衣服，跳入激流。半小时后，屈映从下游回来说："水流太急，我向着灯光游过去，但无法靠拢船边。"

这时，秦耀来了，他听了屈映的汇报，戏谑地笑了："你真是聪明一世，糊涂一时啊！水流湍急，采取直游，再大的力气，你三天三夜也靠不了船。应从上游往下划，重新开始。"屈映第二次下水，不多一会儿，小船缓缓地摇动起来，渐渐靠岸了。船工是位老大爷，听说共产党的游击队要过江，热情地招呼大伙儿上船。由于船儿太小，游击队员只得分批渡江。摆渡完毕，老大爷吹灭了灯光，小船隐没在黑色夜幕之中。

队员们上了岸，回眸远望，还看得见敌夜巡队晃动的火把，风趣地说："龟儿子，不要送光，我们看得见路！"

游击队渡过渠河后，第二天到了合川的三汇坝。敌人在大小路口设置了哨卡，封锁了交通要道，游击队只得抄小路直奔华蓥山。途中，被敌人矿山警察队发现，敌人开枪射击。游击队利用高山密林的掩护，与敌人边打边走，很快摆脱了敌人，登上了华蓥山的宝顶，后又回到高顶山、天池、老龙洞一带。在山上，部队与袁念之带领的20多人会合，队伍增加到50多人。队伍在阳和与二山碗厂附近搭棚子宿营，进行休整。

因敌人常在这一带清乡，游击队采取避实就虚的战术，在岳池阳和、二山、宝顶，广安的高顶山、天池，邻水的罗锅铺、老龙洞一带活动，机动灵活地打击敌人。

23

反"围剿"，三元寨大捷

　　1948年9月2日，王璞带领先头部队经岳池顾县赶到回龙三元寨下，与第八工委的蔡衣渠、蒋可然领导的部分游击队员会合。王璞在三元寨的地下党员唐国宾家里，召开了回龙特支会议。蔡衣渠、蒋可然参加了会议。会议分析了形势，研究了当前工作。决定由唐国宾、杨世银等在三元寨附近买猪购粮，安排食宿，保证后勤供应，并通知武工队的人员带好武器上山，准备参加战斗。

　　当天下午，三四支队共400多人到三元寨集中。司令部决定，主力部队驻三元寨，派黄其勋带几支小分队驻三元寨周围高坡上，设置岗哨，观察敌情。

　　三元寨一带的群众觉悟较高，起义军一到，就杀猪宰羊，送菜送柴、送药送水，热情慰问。青年农民踊跃报名参军，主动侦察敌情。

　　当晚，王璞在寨上召开了县工委和武装部队负责人会议。陈伯纯、王屏藩、张伦、蔡衣渠、罗永晔、蒋可然、易难、楼阅强、陈亚民、王子荣、唐国宾等出席了会议。王璞指出：全国解放战争战略反攻，已经在正面战场取得了辉煌胜利，解放全中国要不了多久了。我们华蓥山游击队，为了打击敌人，配合解放大军进军西南，打乱敌人的后方。我们打了胜仗，取得了一些胜利，已经转战到广安、岳池、武胜、合川等县，攻打了一些乡公所，缴获了一些武器，并开仓济贫，深得人心。黄花岭一战，打死了南充警察局长林廷杰，大大震慑了敌人，惊动了蒋介石集团。敌人纠集了地方杂牌军、乡丁、民团，还调动正规军来"合剿"。我们虽然付出了一定代价，但锻炼了队伍，提高了战斗力，牵制了国民党打内战的兵力，为迎接解放大西南做出了贡献。目前，敌人对我们起义军更害怕，还会继续增兵加紧"围剿"，但我们也不要害怕，有充分的思想准备。我们要总结战斗经验和教训，坚持战斗，彻底粉碎敌人的"围剿"，拖住敌人后方的兵力，支援正面战场……

到会的同志听了王璞对形势的分析，深受鼓舞，信心倍增。会议决定，将三支队伍合编为一支，增设指挥部、政治部。王璞任政治特派员兼政委，陈伯纯任副政委兼司令员，王屏藩任副司令员兼指挥部司令，蔡衣渠任政治部主任，罗永晔任组织科长。直辖三个大队、一个突击队。各大队指导员、大队长分别由张伦、楼阅强、陈至强、王子荣担任，秦鼎任突击队队长，蒋可然任突击队指导员。司令部政工人员有易难、周仁极、刘瀛州、王德鹏、艾文宣、曹文翰、唐国宾、杨兴银等。

会后，几路侦察员先后来报：敌人已从苟角、顾县和广安悦来场方向袭来，有重庆内二警（国民党内政部第二警察总队），有王陵基派出的省保安二团和南充保安团，有岳池、武胜、广安等县的警察中队、乡保自卫队等组成的联合"清剿"队2000多人，国民党少将樊龄和南充专署保安队副司令潘某任正副指挥官。敌先头部队已占领三元寨北面的义和寨，东面的

马鞍山、长沙梁子和南面的打锣寨、耳子山等高地。西面的俞家河对岸也
有敌人把守了。司令部根据这一紧急情报，命令三元寨附近的小分队，立
即集中到三元寨，严密防守。各队连夜赶快做饭，检查枪支弹药，准备迎
击敌人。

9月3日凌晨，司令部宣布决定：一大队坚守三元寨正面唯一通道；二
大队在右翼山头埋伏，准备伏击来犯的敌人；三大队在寨后坡守卫，严防
敌人前方佯攻、后面突击；突击队延伸到号棚坡周围的山头，把敌人堵在
寨外。部队的重火力机枪、冲锋枪、三八式步枪、二十响手枪均布置在东
北面，以对付内二警和南充保安司令部的正规军。命令下达后，各大队分
兵进入战斗岗位。突击队和黄其勋带领的小分队，快速下寨。同时派出若
干的小分队，火速占领马鞍山及打锣寨下的小山坡，准备固守三元寨的唯
一通道。

上午，马鞍山方面的敌人首先向起义军突击队发起攻击。敌人利用强
大的火力，由80多名敢死队员打先锋，匍匐前进的大队敌兵紧随其后，向
起义军猛烈冲击。突击队埋伏在山头后待战。敌军见游击队没有动静，疯
狂向号棚坡发起猛冲。当敌人离游击队阵地约50米时，游击队的机枪、步
枪、手枪集中开火，打得敌兵丢盔弃甲，死伤多人。敌人的敢死队既不敢
向前冲，也不敢停，调头狼狈地逃回马鞍山。敌人发动多次进攻，都被击
退了。不久，敌人再次从北面的义和寨和南边的打锣寨发起总攻，锋芒直
指三元寨。他们发动钳形攻势，四面合击，包围圈逐渐缩小。游击队的形
势万分危急。王屏藩命令队员集中优势兵力，发挥各种武器的威力，机动
支援薄弱环节。敌军被打得晕头转向，不辨虚实，以为起义军实力强大，
不敢轻易再组织进攻，只得败退下去。王璞命蔡衣渠带领政工人员，向敌
人高声喊话："士兵们，解放大军快打进四川了，国民党反动派要垮台了，
你们这些当兵的都是穷人，不要替蒋介石卖命！赶快放下枪杆，站到人民

一边来！"

"国民党的军官们，你们应该识时务，放下屠刀，立功赎罪，求得人民的宽大，才是出路！……"开展政治攻势的同时，陈伯纯派人下山，通知突击队集中，除留一部分据守号棚坡外，其余撤回三元寨，集中优势兵力，支援主阵地……

此次战斗，持续两个昼夜，打退敌军10多次进攻。敌军伤亡较大，起义军则无一伤亡，到第二天夜里10点多钟，敌军害怕遭到起义军夜袭，为了保命，退缩到对面山上，等待援兵，不敢蠢动。

当晚，王璞召集司令部负责人开会，分析了敌情，正确估计自己的实力，认为目前，敌众我寡，敌强我弱，加上寨子缺水、缺粮、缺弹药，又无后备力量，又无援军的情况，在方圆不到3华里的三元寨，与敌人决战，胜利的把握不大，决定突围，摆脱敌人，向武胜县石盘乡、合川金子沱一带转移。司令部派熟悉道路的唐国宾、杨世银等带路，把队伍分成前后两队。前队有司令部指挥员和战士100多人。后队由张伦、楼阅强、陈自强、王子荣等带领，有战士200多人。突围时，在寨子周围点亮灯笼火把，稀稀拉拉地不断打枪，以迷惑敌人，掩护部队转移……

24

邓照明重庆担责，收容安排撤退人员

1948年3月，邓照明将起义失败后，从虎南大区撤出来的干部，分别转移到大竹、达县、垫江、梁山、忠县等未公开起义的地区。邓照明安排妥当后，到重庆准备向中共川东临委书记王璞汇报近三个月来的工作和起义失败的情况。3月底，邓照明到了重庆，未见到王璞，见到了临委委员肖泽宽。邓照明向肖泽宽汇报了第一工委起义失败的情况，又找到了从大竹、达县撤退到重庆的40多位同志，尽力安排他们隐蔽。4月初，重庆党组织又遭遇了大破坏。

敌人是首先从"内线"打开缺口的。

当时一个叫陈柏林的地下党员，在民生路的文城出版社（书店）作店员，原先住江北盘溪时，认识"草堂国学"专门学校一个学生姚仿桓，姚是军统重庆站渝组组长李克昌的通讯员。他发现陈伯林带有《挺进报》，立即向李克昌汇报。李克昌加派"红旗特务"曾继纲伪装成失业青年，以进步面貌接近陈柏林。陈柏林还真相信曾继纲是进步失业青年，没有怀疑他，让他住进了文城出版社。最初，特务怀疑文城出版社就是《挺进报》的总发行处，后来又发现了陈的领导人"老顾"。特务本想继续伪装，扩大侦察线索，但徐远举多次催促，军统重庆站站长吕世琨于4月1日在红旗坝逮捕了"老顾"，接着逮捕陈柏林。

"老顾"即任达哉（任库伦）。任达哉被捕后，即供出他的领导人"老杨"（杨青，即许建业），并于4月4日与老杨约定的接头时间，带领特务在磁器街嘉阳茶馆逮捕了许建业。任达哉的叛变，导致许建业、刘国定等党组织的重要领导人被捕。特别是刘国定、冉益智被捕叛变，向敌特机关提供了许多重要线索，出卖了大批同志，造成重庆和上下川东以及《挺进报》的陈然、王朴、刘国志、江竹筠、杨虞裳等大批干部被捕，并波及到成都、上海、南京等地。刘国定还带领特务到上海，图谋逮捕中共南方局组织部长钱瑛，由于钱瑛已转移到香港，他们才扑了空。

邓照明得知这一情况后，立即安排第一工委在重庆的同志隐蔽。当时中共川东临委委员肖泽宽和李维嘉也已转移他处，只有邓照明，因为没有进临委，叛徒刘、冉都不认识他，邓照明此时不得不承担起转移重庆许多党员的责任。邓照明根据党的地下工作原则，该转移的转移，应安排的也做了安排，做了许多挽救组织的工作。由于邓照明不是市委的领导，又不是川东临委的领导，还必须把接纳的关系交给上级。5月中旬，肖泽宽带信叫他到广安与王璞碰头。邓照明到广安后，在聂士毅家里见到了王璞，谈了一个星期。邓照明住在杨森的秘书长聂丕承家中，聂丕承的两个儿子聂士毅和聂士悫，都是中共党员。有聂家做掩护，安全没有问题。邓照明首先向王璞汇报了第一工委搞武装斗争的情况，其次谈到中共重庆市委被敌人破坏和他如何做挽救工作。王璞接着谈他的工作意见，他布置邓照明回重庆后要继续做挽救和整顿组织工作，但他谈得不多，也不太重视。他着重谈的是要邓照明返回第一工委，整顿4个县的组织，再搞武装斗争。邓照明根据他领导武装起义的经验，汇报了他的看法。邓照明认为，当时条件还不具备搞武装斗争，干部的训练、地区的选择、群众的工作基础、党组织的建立等等都要准备。王璞不同意邓照明的意见。他说，从奉、大、巫和你们第一工委搞的两次武装斗争的经验来看，正足以证明武装斗争现时是可以搞的。他有一个武装起义的计划，从1948年3月开始准备，7至10月组织群众，11月就试一试武装斗争，12月发动全川东武装大起义。邓照明还是认为太急了，条件不够具备。为此，两人争论了很久。最后王璞说：你现在不要争论了，你再回第一工委活动的4个县地区，先恢复和整顿组织，7月1日前回广安，那时候我们再讨论决定。这样，邓照明又回重庆、垫江、梁山一带活动。这时川东地下党组织遭破坏的情况还在蔓延，已经影响到上川东和下川东。叛徒冉益智在下川东工作过，他供出了地委机关的地址，重庆特务就派人到万县逮捕了中共下川东地委书记涂万鹏（即涂孝文）、委员江竹筠和其他干部、委员10多人。6月中旬，特务押送地下党员到朝天门上岸时，有人看见了。同时，在下川东工作的卢光特通过朱麟找到了邓照明，报告了下川东地下党组织被破坏的情况。邓照明通过卢光特通知下川东的人转移，并且又尽力从各方面作了掩护，安排挽救工作。这样，邓照明只好把重庆市和下川东的工作管起来。邓照明和卢光特商量派杨禄章等人到万县、奉节、巫山、云阳等地清理组织。

王璞原与邓照明约定7月1日前到广安商谈工作。邓照明如约赶到聂士毅家时，聂士毅很紧张，告诉邓照明，特务正在到处抓人，王璞已不能进城。他家另一栋楼上，就住着重庆来的特务漆玉林。王璞带信给邓照明，武装起义又提前了。王璞说：与其等特务破坏我们的组织，不如提前主动搞武装起义。聂士毅叫邓照明住一夜就走，并告诉他，从广安县城到罗渡溪的路上有认识邓照明的人在等他。邓照明按照聂士毅的交代住了一夜，天一亮就从广安出发步行到罗渡溪。在 40 多里的路上，每个小店和路口，邓照明都停下来，左右张望，结果未发现等他的人，只好在罗渡溪码头搭船回到了重庆。

邓照明回到重庆继续做各地暴露了的同志来重庆的安置和掩护工作。王璞领导了川东地区第三次武装起义——华蓥山起义。

由于中共重庆市委书记刘国定、副书记冉益智被捕叛变，川东形势更加恶化。重庆警备司令部少将部员樊龄奉重庆绥靖公署命令进驻合川，监视华蓥山区共产党的活动。7 月 4 日，重庆绥署二处警卫组长漆玉林等，根据叛徒刘国定提供的线索，到中共上川东地工委所在地广安，企图逮捕王璞、曾霖等中共川东临委领导人。当时，王璞、曾霖都不在广安县城，特务们逮捕了中共上川东地工委委员骆安靖和交通员马正衡。骆安靖被押到重庆后叛变，又出卖了一些同志。这段时间，岳池、南充、营山等县也连续发生中共党员和进步人士被捕事件。重庆行辕二处倾巢出动，派出 273 个侦破组，准备在上川东进一步搜捕"共党嫌疑分子"，这使许多党的干部难以继续在农村掩护、隐蔽。在这万分危急的情况下，一些党员、干部和积极分子提出，应当把秘密的各工委的武工队拉上华蓥山，用武装斗争来保卫党的干部的安全。

邓照明如坐针毡。本来他对武装起义的时间和准备有不同意见，但他现在又无法联系到王璞，他知道华蓥山起义已经发动，他该怎样配合呢？他苦苦地思索着……此时最重要的是设法与上级取得联系，接受上级的指示。邓照明记得，1947 年 10 月，中共川东临委成立时，王璞曾到上海，与驻上海的负责四川工作的钱瑛同志联系过，便试图设法找到钱瑛。这时，恰好他在川大的同学赖卫民在钱瑛身边工作。贵州地下党组织驻重庆的党员张文铭告诉他说，通过蔡之诚可以找到赖卫民。1948 年 9 月 18 日，邓照明和蔡之诚同往上海。但此时，在上海已找不到赖卫民，更找不到钱瑛。

邓照明写了一个报告交给上海党组织，请求转交钱瑛同志。随后他俩在上海等候了一月之久，仍无结果。到 10 月底，报告被原封不动地退回。邓照明大失所望，将报告烧掉返回重庆。行前，他给上海党组织写了一封信。表明自己是到上海找上级组织解决问题的，而在上海得不到上级的指示和支持，返川后只能按自己的水平去独立工作了。

25

渠县龙潭起义，血染宕渠

1948年7月4日，中共上川东地工委委员兼第五工委书记骆安靖被捕，随后叛变，重庆行辕派出特务漆玉林等到广安抓捕中共川东临委书记王璞等中共上川东地下党领导人。王璞外出归来，在回广安途中得到消息，即返回岳池，在罗渡中共党员伍俊儒家里召开第七、第八工委紧急会议。由于重庆地下党遭到破坏，中共重庆市委书记刘国定、副书记冉益智被捕后叛变，波及上川东。王璞估计华蓥山起义计划已经暴露，决定提前举行华蓥山周边县的广安、岳池、武胜、合川、渠县联合大起义，将起义武装力量拉上华蓥山，建立游击根据地，以保卫川东的地下组织和中共地下党员的生命安全，同时配合人民解放军正面战场，拖住国民党打内战的军队。

会后，中共川东临委书记王璞派罗渡尚用中学校长、第七工委委员杨奚勤到广安、渠县等地传达起义命令。杨奚勤在广安传达会议精神后，赶到渠县，向第六工委委员熊扬传达了举行武装起义的指示。赓即，地下党上川东第六工委书记李家庆、委员熊扬、王敏在营山李家场召开了第一次工委会议。会上研究决定，以临巴、土溪、三汇、卷洞、达县等地的武工队为第一线力量，以清溪、岩峰、贵福、有庆、拱市、营山等地的农民武工队为第二线力量，中秋节在龙潭山上集中达县、三汇、土溪、临巴、卷洞等地的农民武工队举行起义，然后与渠县城内的地下党组织里应外合攻下渠县县城，夺取县保警中队的枪支、弹药、粮食等物资，会合第二线的武装力量向营山进发，带动营山武装起义，然后将队伍拉到黑马山（属大巴山山系）打游击。

第一次工委会议后，渠县地下党组织进行了全面动员，投入了起义的准备工作。

1947 年夏，国内形势发生了巨大的变化，以蒋介石为首的国民党反动派公然发出屠杀共产党人的"勘乱令"，掀起反共的第三次高潮，除了调动胡宗南 23 万正规军和 37 万杂牌军共 60 万大军进攻陕北延安外，还在国统区实行限共、"剿共"政策，无数共产党员被国民党杀害，甚至群众在言谈中提到"革命"二字都要被监禁、被杀头，在国统区搞白色恐怖。这正是国民党虚弱的表现。在陕北，中国共产党领导的刘邓大军强渡黄河，挺进大别山区，还有几支大军纷纷渡过黄河，挺进鄂、苏、皖，揭开了对国民党反动派战略进攻的序幕。党中央号召国统区人民要以武装的形式反抗国民党的统治，川东地下党组织在上级党组织的领导下做出了"开展农民运动，准备武装斗争"的部署。

中共地下党渠县特支根据这一部署，派地下党员杨鉴秋以"养病"为名，来到龙潭山上她姐夫邓如贤家里，以"走亲戚""串门"为名，开展农民运动，来往于狮子头、丁家湾、郑家湾、广子坝等地，向农民宣传革命道理，组织"农民自救会"，开展抗丁、抗粮、抗税斗争，反对国民党的黑暗统治。杨鉴秋通过"三抗"斗争，发现积极分子，先后发展了邓如贤、宁中和、付金才等骨干加入中国共产党，成立了中共龙潭支部，杨鉴秋任支部书记。在龙潭支部的领导下，秘密的"农民自救会"发展很快，几乎村村都有了"农民自救会"组织，这里的青壮年农民，白天干活，晚上集中住宿，对前来拉壮丁的乡保武装，能打就打，打不赢就往山上跑，隐藏于树林棘丛之中，使敌人无可奈何。由于斗争日趋激烈，引起县参议长谢济安和乡长谢庆民叔侄向国民党县党部和县长刘炳中告密，说杨鉴秋是共党，在龙潭发动农民，准备暴动。国民党特委会准备抓捕杨鉴秋同志。打入县"特委会"的中共党员及时向组织报告了这一情况。中共渠县特支立即将杨鉴秋转移到清溪乡去负责清溪特支的工作，另派刚由重庆调来渠县的范硕墨同志到龙潭山接替杨鉴秋同志的工作。范硕墨以在宁中和家当长工为名住下来。他穿一身粗蓝布衣服，脚穿草鞋，腰间别着叶子烟杆，像个十足的农民、地道的庄稼汉。他常深入到老百姓中去拉家常，了解群众的疾苦。农民见他平易近人，和蔼可亲，都愿意与他打交道。他利用各种方式与贫苦农民交朋友，向他们宣传革命道理，启发他们的觉悟。发动这些农民以亲带亲，互相串连，传播革命火种。通过范硕墨一段时间的艰苦工作，龙潭山上的"农民自救会"以狮子头为中心，迅速地发展起来，很快越过流溪发展到三汇地区，向下翻过老龙场、卷洞门，往东发展到清河乡，延伸到大竹境内，"农民自救会"会员发展到2000多人，还吸收了13名农民运动积极分子入党，龙潭山区人民开始觉醒，农民运动的烽火有即将燎原之势。

正当革命不断向纵深发展之际，重庆《挺进报》被特务破获，重庆地下组织被破坏，中共重庆市委书记刘国定、副书记冉益智被捕叛变，向敌特供出了川东地下组织党员名单，波及上川东地区。特务到广安抓捕中共川东临委书记王璞未果，中共上川东地工委委员骆安靖被捕叛变。这伙丧心病狂的叛徒领着国民党特务到上下川东疯狂抓捕地下党员，妄图一举破坏整个地下党组织，顿时，形势急转直下，敌人的屠刀挥向了革命者……

第六工委第一次工委会议后，地下党员熊扬和雷雨田加强了与在大竹国民党保安团任副团长的地下党员赖希奎的联系，准备配合龙潭起义，借带队进山"围剿"起义军之机，率领所掌握的两个营"暴动"，给国民党打个措手不及。地下党员杨景凡、范硕墨也多次来往于大竹县城和清场乡等地，对旧军阀范楠宣、伪旅长郑清泉做统一战线工作，给他们晓以大义，指明前途，争取他们掌握的"联防队"在龙潭起义时按兵不动，严守中立。地下党员沈汉与民盟成员杨达纲通过聚点仓库主任王永和暗地卖出国民党军粮 50000 多斤，为起义部队筹措军需物资。三汇开有煤厂的地下党员赵德普把卖了一批盐巴的钱，买了枪支弹药和医用药品支持龙潭起义。地下党员杨汉秀从延安回到重庆准备做杨森的统战工作，回到渠县夫家，听说龙潭起义，立即拿出 135 石老谷、6 床被盖、2 支步枪交给组织，支持龙潭起义。地下党员陈云龙、杨景凡、王佳龙及党外进步人士何修云等筹钱买了 8 支手枪、1000 多发子弹及药品送到龙潭山上。楠煊中学教师、地下支部书记赵其文同志草拟了大气磅礴的"起义宣言"和庄严的《告渠县人民书》。

清溪、岩峰、贵福、有庆、拱市、新市、营山等作为"第二线"的力量，也动员起了所属的农民武装，积极准备响应龙潭武装起义。清溪地下党充分发挥"两面政权"的作用。地下党员杨德远是清溪乡的乡长，基本上掌握了乡政权及所属的地方武装。地下党员袁鉴把自己的田产，除留下 80 挑谷作为奉养老母和维持家用外，其余 300 多石谷子的田产全部卖掉，买了 30 多支步枪、1 支汤姆式冲锋枪和 1 挺脚架机枪交给党组织。清溪地下党一共准备了 300 多人、200 多条枪，只等龙潭起义队伍一到清溪，便发动武装暴动。中共岩峰特支准备了 200 多人，近 200 条枪，随时准备参战。在营山，上川东第六工委委员王敏同志于 1948 年春到那里，他在十分艰苦恶劣的环境下，星夜奔波，辗转城乡，深入发动群众开展"三抗"斗争，很快打开了局面，先后在营山的骆市、新店、天池、双河、三元、盐井、小蓬等地建立起了党的支部，并广泛地开展统战工作，争取进步人士和伪乡镇人员支持地下党的革命斗争。龙潭起义前夕，营山各地党支部都建立起了地下武装，随时准备配合龙潭起义队伍在营山暴动，然后同上黑马山。

为进一步做好龙潭起义的准备工作，第六工委先后派康电、刘兆钦、杨鉴秋、刘学普等上山配合范硕墨深入发动群众，支持龙潭起义，并负责安排处理起义队伍上山后的食宿、集中等工作。8月上旬，李家庆、熊扬、杨秉伍等多次上山检查起义准备情况。达县特支彭立人，三汇特支徐嗣庸专程来龙潭熟悉道路。龙潭山区的"农民自救会"会员也全部行动起来。他们拿出3400斤粮食，为起义战士磨面推米，准备干粮和腾房子，不少贫苦农民主动报名要为起义战士烧水煮饭，到处呈现出革命的急风暴雨即将来临的战斗气氛。

9月11日，渠县城内敌我矛盾骤然激化。渠县的国民党、团（三青团）反动头目刘正泉、谢济安、孙佳儒密谋，勾结国民党驻军，企图在县衙门口刺杀倾向革命的"南派"首领雍熙文，然后以雍熙文被杀为借口，反诬共产党暴动，出动驻军把城内地下党员和革命群众一网打尽，达到一箭双雕的目的。由于刺杀雍熙文的刺客向永志暗杀时枪未打响，反动派的鬼蜮伎俩落空。针对这一情况，地下党城关特支立刻做好了应急准备。革命与反革命即将兵戎相见，渠县城内已充满火药味。9月14日，各地武装力量根据工委的安排，开始向龙潭山集中。为了扫除路障，9月14日，范硕墨带领10余名武装队员到邓家湾将国民党军的一个姓邓的排长抓起来，关押在苏家山，然后，范硕墨化装潜入县警察局，同地下党员、警察局督察长张天锡商量，准备在当天夜里，以中秋节为警察局长"祝寿"为名，乘机把警察中队长弄到一起灌醉，然后里应外合，迎接起义军入城，来个瓮中捉鳖，城内的地下党员带路去活捉国民党县长刘炳中及国民党县党部书记长刘正泉等反动头目，但这一计划因三汇和达县两支起义队伍没有按时到达而未实现。

9月18日（农历八月十六），范硕墨、康电带领20多名起义战士包围了龙潭乡公所，缴获乡丁的步枪20多支。随即，范硕墨派起义战士去抓保长王英儒。王英儒狡猾，自从起义队伍开始集中时，他就不敢在家里居住，每天晚上躲到他家对面的山头上暗中监视游击队的活动。当起义战士去抓他时，他便跑到临巴镇与其叔父王代铭一道往渠县城里报信去了。这天夜里，在文星槽负责的统战人士、伪保长邵君儒经范硕墨、杨鉴秋和颜正宗的启发教育，毫不犹豫地接受了党组织的安排，决定参加武装起义。他动员了全保70余名武装人员，拖上文星槽山上站岗放哨，严密监视大竹方向国民党军队的动向。这天夜里，卷洞门地下党员颜正宗率领李建章、李正琼等15人，携带13支枪，由邵君儒带路奔向狮子头。

达县的起义队伍按时出发，但由于消息泄露，国民党达县自卫队闻讯跟踪追击。彭立人只得改变行军路线，绕道摆脱敌人跟踪，故未能按时到达三汇镇与李家庆接头。直到9月20日（农历八月十八）上午才到达龙潭，错过了最佳起义时机。这时，各地起义队伍聚齐，分别住在狮子头、潭家湾、龙寨、苏家山等地，司令部设在狮子头。这天下午，第六工委书记李家庆召集各地党组织和起义队伍负责人会议，李家庆对起义作了全面部署。当晚，参加起义的600多名战士在狮子头燃起熊熊的火把，进行编队。共整编成三个中队和两个独立分队。龙潭中队200多人，由范硕墨负责。下设三个分队，第一分队队长为邹昌义，指导员为康电；第二分队队长为田隆庆；第三分队队长李某。临巴、土溪、锡溪、李复、卷洞等地合编为一个中队，共100多人，由罗仁鉴、李建章、肖平安负责。三汇中队100多人，由刘兆钦、徐嗣庸负责，下属三个分队：第一分队队长为何兴发，指导员为代兴恕；第二分队队长为王道光，指导员为王凤锡；第三分队队长为陈明昌，指导员为王明善。达县 30 多人，编成独立分队，由彭立人负责。文星槽的邵君儒带的 70 多人也编为一个独立分队。

李家庆宣布："西南民主联军川东纵队第六支队"成立了，司令员为田勤耕（即李家庆），政委为范炳文（即范硕墨），参谋长为何尚，政治部主任为任时雄（即任乃忱，曾在重庆指挥队伍冲进蒋介石行辕，后到渠县来仪中学教书），副主任为郑畅（北方局派来支援四川地下斗争的北大学生），军需、后勤由罗仁鉴、李琼林负责，通信联络由杨鉴秋、刘学璞负责。

在狮子头田坝里，熊熊的营火照亮了黑夜的星空，照红了起义军战士们激动的面庞。李家庆以坚定的话语向同志们讲述全国解放战场的大好形势，他慷慨激昂地号召大家，"打进渠县城，活捉刘炳中！打倒蒋介石，解放全中国！"各分队也派代表在誓师大会上表示坚决跟党走、革命到底的决心。渠江在怒吼，龙潭起义的红旗升起来了！康电满怀战斗豪情，扭起了秧歌舞……战士们跟着唱起来，一阵阵的欢笑声中，起义战士的士气更加高昂了。

这天夜里，枕戈待旦的战士们已经休息了。司令部里，李家庆、范硕墨、彭立人、刘兆钦、何尚等人还在研究作战方案，担任安全警卫工作的康电正在查岗。这时，丁家院子的保长和他的儿子来向起义军报告：大竹清河场"联防大队"大队长吕良富带着 100 多人和几挺机枪，尾随三汇起义队伍摸上来了，就住在李子垭下边的丁家院子。这些兵威胁当地农民说："看老子明天打个样儿给你们看看！"气焰非常嚣张。不一会，邹昌义也来报告了这一消息。敌情紧急，一场激战迫在眉睫。司令部研究决定，趁敌人立足未稳，主动出击，打他个冷不防。当即由李家庆、彭立人、康电、刘兆钦、何尚马上率领全大队的战士奔袭丁家湾。范硕墨带 5 名战士到大岩边埋伏，用火力封锁临巴通往龙潭的必经之路，以免驻扎在临巴的一个敌兵连从背后偷袭起义军。参加奔袭李子垭的战士借夜幕的掩护，神不知、鬼不觉地摸到丁家院子后面的山上，控制了制高点，然后分兵三路，包围丁家院子。这时已是黎明，司令员李家庆一声信号枪响，划破了寂静的夜空，刹那间，战士们的长枪、短枪、火药枪、罐耳炮一齐打响，一阵排子枪过后，敌人并无反应，没有一点动静。于是，战士们又向丁家院子打了第二排枪，这时，"哒哒哒"的机枪声突然在对面山上响起来了，密集的弹雨射向起义军的阵地。原来，敌人很狡猾，害怕被起义军队伍包围，提前撤到对面山上去了。正当双方激战时，参谋长何尚跑来说，敌人已经绕到起义军阵地后面了，命令战士们赶快撤退。撤退中，收编的那支土匪武装带头乱跑，一些农民武装也跟着跑，严重影响了起义军的战斗力，只剩下一部分战士仍坚持战斗。尽管这样，敌人还是被起义军的火力吓住了。经过激烈的战斗，吕良富带领的自卫军向大竹方向逃窜。此时，紧急情报不断传来，司令部召开紧急会议，研究下一步工作计划。此时，重庆行辕已调动内二警两个营赶到渠县卷洞门、渠县警察中队已开到临巴、罗广文的15兵团已接受命令，随时准备前往渠县镇压龙潭起义，"清剿"军队即将统一调动，合围龙潭起义军……

一刹间，风云突变，形势恶化，在这生死存亡的关键时刻，为了保存有生力量，司令部果断做出决定，立即解散起义队伍，分头突围。时值中秋时节，滂沱大雨下个不停。山下敌军虽已形成包围之势，但因大雨不断，敌未马上采取进攻，正是突围的有利时机。山上400多名起义军战士，分成若干小队，从敌人防区的间隙里冲出包围圈。

李家庆命地下党城关特支立即准备几套警服上山，用以掩护龙潭起义的领导人化装突围。张天锡得此消息后，立即派人送了几套伪警察服上山。突围过程中，共产党员肖平安、陈明昌、党外群众邵君儒不幸被捕，他们经受了敌人的酷刑折磨，但始终坚贞不屈，于9月29日，被敌人枪杀。他们面对敌人的屠刀，表现出了大无畏的革命英雄气概。肖平安临刑前，一脚踢开敌人摆在他面前的酒饭，昂首挺胸，从容就义。陈明昌牺牲前一直高呼："打倒国民党反动派！""中国共产党万岁！"邵君儒牺牲前对同牢房的战友说："看样子，敌人一定要杀我的。我死后，你告诉老顾（颜正宗），我啥都没有说，我的人枪全部没有丢。看这伙坏蛋把我咋个办。"他在刑场上视死如归，大义凛然，英勇捐躯。烈士们的鲜血染红了宕渠的大地……

26

"围魏救赵"，设广邻大山区党委

1948年9月，邓照明决定到上海找钱瑛之前，知道王璞已经发动了广安代市、观阁、武胜三溪、岳池伏龙、合川金子等地起义。邓照明在重庆从华蓥山撤下来的同志口中得知一部分起义的情况，又从《新蜀报》和《新新新闻》上看到敌人调集重兵对华蓥山起义队伍进行"围剿"的消息，对王璞的安全格外担心。联想到5月份与王璞碰头时，王璞曾叫邓照明回第一工委，重新组织起义的事，就是要他配合岳、武、广、合起义。但他目前在重庆要接待下川东和上川东撤到重庆来的同志，十分繁忙，抽不开身。他又仅是中共上川东第一工委的书记，又没有上级组织的指导，只能大着胆子想，成立广（安）邻（水）大（竹）山区党委和游击队。把大竹陈尧楷、徐相应、徐永培、向杰栋等前期起义失败还留在山上的游击队员召集起来，让他们大张旗鼓地活动，就能分散敌人的注意力，减轻王璞起义部队的压力。正好1948年9月，广安观阁起义失败后，观阁特支委员胡正兴来到了重庆，找到了邓照明。

邓照明要胡正兴找徐永培、陈尧楷、王群等一起开个会。9月中旬，邓照明召集王群、胡正兴、徐永培、徐春轩在重庆开了一个会，说了他的想法。会上，组建了广（安）邻（水）大（竹）山区党委和广（安）邻（水）大（竹）山区游击队，任命陈尧楷为广邻大山区党委书记兼游击队司令，王群任副书记兼政委，徐永培为委员兼政治部主任，胡正兴为委员兼参谋长，徐春轩为委员留重庆，担任邓照明和山区党委之间的联络员。

定下山区党委和游击队的方针、任务是：

1. 总任务：积极做好准备，扩大影响，以期收到配合形势和推动形势发展的效果，动摇和摧毁国民党的反动统治。

2. 工作地区：长垫公路以西，嘉陵江、渠江以东，南起邻水、张家场，北止竹梁公路。

3. 起义条件：

①解放军入川或渡江；

②全川工作成熟总起义；

③本身力量已雄厚，可以压制顽敌和应付敌部分正规军；

④工作地区已暴露，被迫突然起义；

⑤其他起义或区域需要配合。

广邻大山区党委成立后，邓照明又从重庆搞了一批武器运往大竹山后区，其中有轻机枪两挺，通过捆在柴禾中的方式，叫游击队员运回去了。徐春轩和徐永培、胡正兴分别和陈尧楷、向杰栋、王兆南等传达了会议精神。王群回去后，山区党委立即投入了紧张的工作。

陈尧楷召回了在垫江的欧君良和在邻水中山一带活动的徐相应、徐永培武工队，在广安桂兴、广兴、观阁、邻水千丘塝一带活动的向杰栋、王兆南、粟绍波等武装力量。

邓照明认为，只要广邻大山区党委和游击队在这一带活动，就可以减轻敌人对王璞起义队伍的压力，达到"围魏救赵"的效果。

陈尧楷化名周毛尔，在竹垫邻交界处有群众基础的天池区开展工作，这里，1948年初已建立起周家区委，书记为杨迅行。

徐永培由重庆回大竹后，在文星、杨通、双河一带开展工作。具体领导大竹山后区的党组织和游击队。陈尧楷、徐永培、杨迅行一手抓发动群众，一手抓改造王代甲的乡丁队伍工作，加上观阁起义留下来的力量，游击队武装很快发展到40余人，以天池为中心，包括大竹八渡、明滩、垫江武安、沙坪和梁山回龙部分山区，游击活动区已初步形成。

徐相应则在大竹高家坝和邻水柑子铺一带活动。1948年11月15日夜，徐相应、贾荣甫、陈子侠、粟绍波、胡礼学等正在粟绍波家研究工作，敌兵跟踪而来，将游击队团团围住，游击队知道情况不妙，准备转移。粟绍波的妻子打开大门，却见敌人将大门封锁，枪声大作。粟宅系土筑旧式碉楼，无后门，没有退路。游击队员只好爬上碉楼。陈子侠操起二十响的罗汉枪朝外猛射，敌人丢下机枪就跑。游击队这才下楼转移到山上。

王群、向杰栋带领部分游击队在广安邻水交界的瓦窑沟一带活动。1948年11月8日，桂花场的乡保丁30多人把游击队住的茅草房团团包围。敌人开枪试探，游击队未予理睬。敌人派乡丁进屋去搜查。一个乡丁照着电筒，走到猪圈门口，用电筒乱照，被游击队一枪击毙。敌人听见枪声，疯狂地向屋里射击。大声吼叫："出来，缴枪投降！"游击队员幽默地回答："要枪就到枪尖上来拿！"双方相持到天黑。

黄昏时，游击队向敌人展开宣传攻势："我们是共产党领导的游击队，现在全国快要解放了，你们要认清形势，不要与人民为敌！"乡丁回答："我们是上山打土匪的，我们不打游击队。"过了一阵，游击队见乡丁还未撤走，问道："你们为什么还不撤走？"乡丁回答："我们的人被打死了，要抬走尸体，否则回去不好交差，你们最好留一支枪，我们回去也好交差。"游击队同意了他们的要求，丢下一支没有子弹的柯尔特手枪。

张蜀俊、伍俊儒、秦耀带着游击队重上华蓥山后，与袁念之领导的20多人会合，游击队员增加到50多人。农历十月，华蓥山顶已被大雪覆盖，寒风刺骨，游击队员身上还穿着起义时的单衣，山上缺吃少穿，他们就挖野菜来充饥，用茅草捆在身上御寒。饥饿和严寒考验着每一位游击战士。为了坚持斗争，必须补充粮食和弹药。司令部决定由伍俊儒、秦耀、朱重光等14人带上精良武器，组成小分队，下山搞粮食、弹药。伍俊儒、朱重光是第七工委河西区委的正副书记，在岳池、罗渡、齐福一带领导过"三抗"斗争，群众基础较好，便于隐蔽。张蜀俊带着王普全等4名队员护送他们下山，双方约定3天后在九宫庙接应他们上山。

由于山下敌人封锁严紧，张蜀俊带着几个队员多次下山接应均未成功。接着，张蜀俊又派袁念之与队员化装下山，闯过国民党层层关卡哨所，辗转到罗渡一带寻找这支小分队，也无着落。袁念之在回山途中，被罗渡乡公所扣留，但他足智多谋，终于脱险上了山。

伍俊儒、朱重光、秦耀等下山，穿越敌人的封锁线后，隐蔽在罗渡姚市桥一带，通过地下党员屈超均和徐荣照等，筹备了一笔经费和粮食，因敌人搜查很严，粮食无法运回山上。这时，罗渡、普安的清乡队正挨户搜查，查封了徐庶声和伍俊儒的家，四处搜捕屈超均、徐荣照等起义人员的家属和农会会员，致使隐藏在这一带的10多个队员无法集中，只好分散转移别处寻找党的组织。

游击队的弹药无法补充，吃穿也很难解决，病员增多，战斗力削弱，张蜀俊感到自己责任重大，白天坚持蹲在山洞和苞谷秆堆里，晚上向群众了解敌情，捕捉战机，十分辛苦。10月底一天晚上，发现敌人在山下路口的哨卡没有人，张蜀俊带着王普全等十几个队员下山找粮，穿越丛林，翻过悬崖，半夜赶到阳和场，发现乡丁们在碉楼里，酗酒打牌，游击队迅速通过敌碉楼，但行不到百米，就被敌哨兵发现，立即喊话："对门路上是哪里的？"王普全立即回答："是阳和乡公所的。"

"有情况吗？请上来！"

"要得！"

游击队顺着田坎转过一个小坡，王普全瞄准碉楼的一个枪眼，"啪"地开了一枪，"叭"，枪声清脆，碉楼里的敌人顿时哗然惊叫："有共匪，快快下去捉共匪！"敌人叫得凶，可一个都不敢下来，只是"砰砰叭叭"乱打一气。阳和场的乡丁听见枪声，以为是游击队攻打阳和乡，也朝碉楼开枪乱打，游击队趁敌人打得热闹，迂回到山腰。此时突然天降大雨，队伍到土庙避雨。正准备生火烤衣服，外面传来一阵狗吠声。原来是敌人巡夜的20多人向庙子走过来了。游击队急速退出庙子，在庙后隐蔽起来，听到敌人骂开了。

"这么大的雨，哪来的游击队嘛！把你我弄来受活罪，他几爷子在屋里烧大烟。"

"我们到前面去转一趟就回去，出来不到1里路，如果麻子连长知道了，又要挨训！"

"算了，深更半夜，又下这么大的雨，听说山上游击队的枪法准得很啰，你我有几个脑壳？走啊，回去算了。"

敌人走出庙子，他们带的1条狗突然向游击队隐蔽的方向跑过来，机警的王普全从怀里摸出1个苞谷粑，轻轻地向狗扔过去，那狗咬着苞谷粑，摆摆头，摇摇尾巴，乖乖地走了。游击队员们才松了一口气。

敌人走远了，游击队立即离开庙子朝山上走去，天黑路滑，一不小心，就要掉下深谷里去，队员们砍了些竹子做拐杖，一步一步往上走。刚到半山腰，前面队员发现一个黑乎乎的东西横卧在路边，便用棍子敲打，那家伙猛地一跳，吼叫起来，两个大眼睛在夜色中闪着绿光，原来是一只豹子。队员们挥棍乱打，豹子往树林里跑了。这样，战士们居然打起了精神。

下山搞粮无着，队员们忍饥挨冻，处境一天比一天困难，但同志们依然精神抖擞，情绪饱满。有的战士以苦为乐，幽默地说："看到敌人多，其实是一伙赌棍，敌人貌似强大，实际上不过是几条狗，只要把狗的主人打掉了，那些狗就成了丧家之犬！"

游击队在与饥寒做斗争的同时，还要时刻警惕土匪谢三荣在背后捅刀子。谢三荣出于土匪的本性，阴险狡诈，见风使舵。见游击队打了胜仗，便依附游击队，看到国民党大军压境，游击队失利，又去巴结国民党，凶相毕露，想一口吞下游击队，还企图杀害游击队长张蜀俊、袁念之等，夺取枪支弹药，另立门户。一次，谢三荣突然把地下党员袁念之捆绑起来，准备扔进山上的漩洞。王普全等坚决反对，彼此斗争剧烈。王普全及时向张蜀俊报告。张蜀俊迅速带队包围了谢三荣，冲进谢的棚子，谢三荣举枪对准张蜀俊，几个游击队战士用枪对准谢三荣的胸口，他才惊恐地不知所措。张蜀俊把枪"啪"的一声甩在桌子上，严正警告："谢三荣，你想干什么？要造共产党的反不成？"

"司令员，我没那个意思，山下到处是国民党军队，再跟你们干下去，我怕还要死得快些。我只求好合好散，各走各的路。"谢三荣悻悻地解释。

"为啥要扣押我们的人？"

"这……"谢三荣无言以对。

游击队员义愤填膺，异口同声怒斥谢三荣，大家齐声喊"宰了他！"张蜀俊考虑到当前的主要敌人是国民党反动派，如果杀了谢三荣，就会树敌过多，反增对立面，于是决定饶了谢三荣，以观后效，并接回袁念之。张蜀俊还对谢三荣的兄弟伙说："愿意跟着共产党游击队干的，就跟我们走，不愿干的，我们不勉强。"这时，谢三荣手下40多人，愿意跟着游击队，谢三荣的贴身保镖赵彬儒也表示愿跟游击队走。谢三荣在众目睽睽之下，只好领着 20 余人，狼狈离开了。此后不久，谢三荣被罗广文的清乡队击毙于华蓥山，落得个可悲的下场。

27

蒋介石困兽犹斗，重点 "围剿" 华蓥山

　　中国共产党经过 14 年抗战，八路军、新四军以及其他人民抗日武装力量从抗战前的 3 万多发展到 120 多万，民兵发展到 220 万人，对日寇作战 125000 余次。蒋介石为了稳固其独裁统治，抗日战争胜利后，利用美国在国际上的地位和实力，妄图全面摘取抗战胜利果实，甚至在 1945 年的 8 月 11 日，蒋介石下达三道命令：一是要解放区的人民军队"就地驻防待命"，不得向日伪军"擅自行动"；二是要他的嫡系部队"积极推进，勿稍松懈"；三是要伪军"切实负责维持地方治安"，抵抗人民军队受降。1945 年 8 月 28 日，毛泽东、周恩来、王若飞到重庆与国民党谈判关于和平建国的条件，蒋介石又以假和谈、真备战的手段，用美国的军车，美军的装备把军队运往东北、华北等地。在重庆谈判期间，就调动大军向解放区发动进攻。人民解放军奋起自卫，晋冀鲁豫解放军在上党战役，歼灭了国民党军 35000 余人，才促成了《双十协定》

的签订。

1947年2月，蒋介石的军事部署基本完成，向中国共产党领导的解放区发动全面进攻，强占了包括延安在内的一百〇五座城市，蒋介石被"胜利"冲昏了头脑，发出"三到五个月，彻底消灭中共正规军"的号叫，而人民解放军虽然放弃了105座城市，却取得了平均每个月歼灭蒋军八个旅，共歼敌71万人的巨大胜利。

蒋介石于当年2月27、28日，通知中国共产党驻南京、上海、重庆等地谈判联络代表全部撤退，宣布国共谈判完全破裂。然后于3月初，国民党对陕北、山东两翼发动重点进攻。西北的胡宗南部出动60万大军进攻延安，3月18日，中共中央被迫撤出延安。毛泽东、周恩来、任弼时率党中央仍留在陕北指挥西北和全国的解放战争。1947年3月8日，中共中央发出了关于在蒋管区农村开展游击战争的指示。此段时间，中共中央多次指示，要趁国民党统治区后方兵力空虚、征兵征粮使民不聊生，群众斗争情绪普遍增高的有利时机。根据各地区的不同情况，有步骤地发动与组织群众，开展游击战争，建立游击根据地。川东临委正是根据中共中央的指示，发动了华蓥山武装起义。可是，由于国民党在四川的统治基础强大，调动军警宪特10万之众，对起义军进行镇压，星星之火，大有被扑灭之势。敌人穷凶极恶，是因为蒋介石在军事、政治、经济上都临近崩溃，对人民，尤其是国统区的人民起义实行疯狂的、大规模的镇压和屠杀，是困兽犹斗，最后的疯狂。

1948年2月，重庆警备司令部派高级参谋、国民党少将樊龄率领内二警二中队长闵致中前往合川、武胜镇压起义队伍。樊龄到合川后，重庆内二警又派出二个中队协助"剿共"。8月，广安代市、观阁起义后，紧接着武胜三溪、岳池伏龙等地爆发起义，尤其是伏龙起义后，水洞湾一战，打得十分激烈，樊龄再次向重庆绥靖公署告急，朱绍良增派内二警两个大队及四川保安第二团和新七旅 5 个连的兵力扩大"清剿"范围，同时组织合川、武胜、岳池、广安、渠县、大竹、邻水、垫江、长寿、江北等 10 个县成立"十县清剿指挥部"，加派内二警重庆总队队长彭斌为"清剿"指挥长，樊龄为副指挥长，加派行辕二处副处长、军统特务杨元森，四川保安第二团团长廖禹及内二警副总队长麦征甫等 3 人为副指挥长，总兵力达到游击队的 20 倍以上。另由杨元森带重庆行辕的武装部队特务 1 个连，根据叛徒刘国定、冉益智提供的线索，前往广安、岳池、武胜等地搜捕中共地下党员，破坏中共地下党组织。

敌人重点"围剿"华蓥山，上川东上空霎时乌云密布，一场巨大的血雨腥风笼罩华蓥山麓的各个县区及农村大地……

28

木瓜寨王璞牺牲，游击队星夜转移

三元寨反"围剿"一战，游击队大获全胜，极大地鼓舞了起义战士。敌人则龟缩到对面山上，不敢蠢动。当晚，王璞召集司令部负责人开会，分析敌情。从敌军退回对面山上，并未撤走，说明敌人的增援部队很快就会到来，敌众我寡，敌强我弱。加上供给困难，山上缺水、缺粮、缺弹药，以及无后备力量，在这种情况下，坚守这不到三华里的三元寨，与强过游击队数倍的敌人决战，胜利的把握不大。通过分析，决定突围，摆脱敌人，向武胜县石盘乡、合川金子沱一带转移。司令部派熟悉道路的唐国宾、杨世银等带路。司令部把队伍分成前后两队。前队有司令部指挥员和战士100多人，后队由张伦、楼阅强、陈自强、王子荣等带领，有战士200多人。突围时，在寨子周围点燃灯笼火把，稀稀落落地不断打枪，以迷惑敌人，掩护部队转移。

这时天空下起了滂沱大雨。夜深人静，天空一片漆黑，正是转移的大好时机。前队唐国宾、罗安文带头从三元寨后门出发，向西南方向顺山而下，沿着潺潺的小溪而行，摸过陈凤桥，绕过敌人的哨所关隘，迂回前进。天亮时已顺利抵达杨家院子，向金城山进发。

后队行至桥头，未见前队人员，经探询无法判明去向，便顺溪而行，到天明仍未看见前面的队伍，仍按原定计划到华鋈山会师。唐国世、唐世华带路，避开敌人岗哨，绕过小屏井，过小灵坝，准备经罗渡上华鋈山。但侦察员报告，罗渡一带已有敌人的"清剿"大队和内二警驻扎，严守渠河渡口，要过河已非常困难了。队伍只好掉头往岳池的白庙、太平，武胜的飞龙、乐善方向，直插合川武胜交界的清水铺，在一家大院子里住下来。途中，楼阅强掉队，不幸被苟角的国民党乡政府的乡长"丁疯儿"抓捕。队伍在清水铺驻扎后，张伦、陈自强等考虑到队伍与王璞的大队失掉联系，而且弹尽粮绝，饥饿疲劳，疾病也一齐袭来，为了保存革命力量，不得不将游击队员分散转移隐蔽。

前队在天平寨杨家院子，正准备向金城山出发时，政治部主任蔡衣渠的脚肿大，步履维艰，王璞派唐国宾、罗安文、艾文宣等护送蔡衣渠到乡下隐蔽治疗，并规定了接头地点和暗号。王璞安排好蔡衣渠，随即命令队伍向金城山出发。队伍登上了金城山，刚到半山腰，准备让队伍休息一下，再上山顶。此时，侦察员来报，山顶已有敌人了。司令部分析，敌人居高临下，如果硬冲，我们的队伍就完全暴露在敌人面前，一旦打起来，对游击队十分不利。王璞命令队伍立即进入密林中隐蔽。

司令部对原来的计划不得不改变。合川与武胜交界的一些地方，有一定的群众基础，便于起义军撤退隐蔽。这时已是半夜时分了，司令部决定连夜越过敌人的封锁线，向合川、武胜边境撤退。9月5日，部队抵达黄龙寨刘家坝子，用过早餐，稍事休息，队伍又冒雨行军至白岩沟宿营。9月7日，队伍行进到岳池平滩秦家店子，与敌人的哨兵交战后，伤敌2人，俘获

5人，缴获长枪7支。队员们押着俘虏到达武胜岳池两县交界的木瓜寨。起义军刚刚到达石盘乡木瓜寨，敌人就尾随追来了。王璞、陈伯纯等赶忙侦察地形，分析敌情，布置新的战斗。木瓜寨是建立在一处孤立的石壁上的寨子，面积很小。四周石墙围绕，寨后是悬崖峭壁，左右都是狭沟，只有正面平坦宽阔。左寨墙很矮，司令部将机枪、步枪火力布置在这一段，右边石墙较高，敌人难以进攻，安排一个小队的战士监视敌人行动。

武胜县县长张洪炳和岳池警察局长魏仲枢分别带领警察中队、民团、乡丁约400多人，于午后3时，分兵四路追至木瓜寨，分别从何家石坝、夹石槽、藕塘湾向起义军左翼发动攻击，另一股敌人在寨右边对面的雷打岩架起机枪，封锁游击队向石盘的退路，双方进行紧张战斗。

天渐渐黑下来时，双方仍在激战。三股敌人同时向左翼阵地发起猛攻。敌人把乡丁逼在阵前打头阵，张洪炳、魏仲枢提着手枪，带着警察在后面督战。张烘炳欺骗乡丁说："在平滩陈家店被抓住的5个乡丁都被共匪枪毙了，若是你们不冲，被他们抓住了，也都活不成。你们只有把他们消灭了才有活路。"对此，王璞组织政工人员向敌人喊话："上当受骗的乡丁民团们，你们不要再上国民党的当了，你们都是受苦受难的人，是反动派逼着你们来卖命的。我们是穷人的队伍，不要穷人打穷人！""我们是人民的军队，不虐待俘虏，被俘的5个乡丁都还活着……"随即，5个被俘虏的乡丁现身说法，喊话后，游击队当场把他们释放了，揭露了张洪炳的谎言。

战斗缓和下来了，王屏藩巡视检查阵地，其余领导干部和政工人员围着王璞研究对策和战术。政工人员罗又新在旁边整修自己的手枪，不慎枪机走火，子弹击中王璞的下腹，这位优秀指挥员当场倒地，昏迷不醒。卫生员用白药精止血抢救，仍未能止住伤口流血。战士们砍来竹子做成担架，决定由王屏藩负责护送王璞坐船顺嘉陵江而下，去重庆抢救，并派易难、符其燮、刘瀛州等协助。但是，两次抬着王璞冲出寨门，都被敌人密集的火力压制住了。只好准备天黑再次突围。王璞终因失血过多，心脏停止了跳动，为革命献出了宝贵的生命。指战员们肝胆俱裂，悲痛欲绝。天黑后，刘瀛州带着邹少云、官泽浩等战士将王璞同志的遗体抬下山寨，隐藏在石岩下。第二天，部队撤离后，敌人上山，发现了王璞的遗体，竟灭绝人性地把他的头割下来，挂在石盘乡场口示众。晚上，当地群众悄悄将烈士的遗体掩埋在洋槐树下……

9月7日深夜，起义军50余人从木瓜寨后寨门的悬崖上，用绳子一个一个撤下来，向武胜石盘乡转移。王屏藩的双眼因红肿，看不清东西。队伍连续战斗半月，战士们都疲惫不堪，伤病员也得不到及时医治，与上级党组织又失掉了联系，在敌强我弱的情况下，决定暂时分散转移。司令部决定，石盘乡的战士回本地隐蔽。外地战士随陈伯纯、易难去石盘战士刘尊吉、刘胜兴家住下。王屏藩双目红肿，行动不便，由邓加齐、郭元亮、彭明德、邹少云、付明山等去当地一个医生家取眼药，结果眼药未取得，却在途中遭遇敌人冲击而被打散了。第二天晚上才潜入陈伯纯、易难的住地，找到秦鼎、刘少轩等，这时才知道陈伯纯、易难等也被敌人冲散，去向不明。枪支弹药都已沉入刘家院子前的塘堰和井底。此后，9月16日深夜，王屏藩在江世福、江世延等的掩护下，扎了竹筏渡过嘉陵江。有5人去龙女乡唐二合家住歇3天，然后转往万善乡段仁瑞家借了路费和一瓶"白敬宇"眼药，王屏藩的眼疾暂时得到治疗。不久，他们转道潼南县城，后经璧山到重庆。在余暑昇的协助下，与林向北接上了党的关系。党组织即派王屏藩到下川东继续从事地下斗争。

陈伯纯到了石盘乡刘尊吉家，第二天拂晓，敌人突然包围了他们的住地，经过激烈的枪战，侥幸突围脱险，只剩下刘瀛州、熊家林和陈伯纯3人，他们爬上夜空笼罩的丘陵，陈伯纯已经疲惫不堪了，手枪的撞针又打断了，他们躲进了唐家水磨下。黄昏时，路过沿口乡响水滩时，巧遇他以前的女学生唐克毅拉着孩子在田间散步。唐克毅一眼认出了她的老师，满腔热情地把陈伯纯引到家中，并十分警惕地告诉老师，国民党到处画影捉拿他。陈伯纯在她家休息了一晚，次日，唐克毅拿出她父亲的衣裤让陈伯纯换上，腰间插着烟棒，头戴草帽，脚穿草鞋，化装成拉船的纤夫，跟随上街的农民一道去沿口镇。镇上布满了"清剿"游击队的国民党军队和警察。特务四处搜查，戒备森严，杀气腾腾。陈伯纯若无其事、镇定自如地行至嘉陵江边，见一艘已检查过，即将开船的粮舟，他一个踏步跃上船头，双手拱揖，深情地说"兄弟伙，搭个艄"，船上的伙计以为是拉船的兄弟，未加拒绝就开船了。他一头栽进船舱，倒在铺上，用草帽盖着脸便呼呼地睡着了。途中几经周折，越过敌军的层层检查，顺利到达重庆磁器口，他便下船上岸，通过关系，去铜梁县找到中共川东临委委员肖泽宽，汇报了岳、武、合和广安起义的情况以及王璞牺牲的消息。然后转移到潼南工作。易难突围后，渡过嘉陵江，在华封的地下党员何龙生和潭优学的掩护下，转移到武胜半边乡绅士段九畴家隐蔽了一段时间……

　　王璞同志牺牲后，华蓥山起义进入低潮。解放后，1957年，中共重庆市委派刘瀛洲专程到武胜，会同中共武胜县委将王璞烈士的遗骸移至武胜县嘉陵江畔修建的烈士陵园内重新安葬。王璞烈士的英雄事迹永远流传在川东大地，后人缅怀先烈有诗云：

　　　　嘉陵江上祭忠魂，满怀情思忆华蓥。

　　　　两千健儿举义旗，百万农奴盼救星。

　　　　曾经鏖战摧朽堡，几番风雷震南京。

　　　　临阵悲歌惊事变，血染石盘泣鬼神。

29

建立川东特委，总结武装斗争教训

　　王璞牺牲后，邓照明有些着急起来。中共川东临委由书记王璞和彭咏梧、肖泽宽、刘国定、涂万鹏一共5人组成，现在刘国定、涂万鹏叛变，彭咏梧和王璞牺牲，5个常委只剩下肖泽宽1人。邓照明心里着急，他去潼南找肖泽宽又没有找到，很多事情没有人商量。邓照明于是到上海去找钱瑛，但由于钱瑛于1948年2月就转移到香港去了，张文澄5月初收到中共川康特委寄来的报警信："此次回娘家，不幸柳表妹染花柳病住医院。"接到这封报警信后，钱瑛身边的工作人员张文澄等，估计是中共重庆市委的刘国定出事叛变了，立即撤离了原来的武进路福生路驻地。邓照明到上海后，正是刘国定带着特务企图去抓重庆地下党的上级领导扑空的这段时间，是找不到钱瑛和她身边的工作人员的。

　　邓照明离开上海时，给上海地下党组织留了封信，让他们转交给钱瑛同志，这样，钱瑛同志才知道邓照明在重庆和上下川东清理党员和恢复党的组织。钱瑛知道邓照明仍留在川东坚持工作，但仍然无法联系上邓照明，后来钱瑛与邓照明恢复联系还是通过赵隆侃才解决的。

赵隆侃是中共重庆城区特支书记，中共重庆市委被破坏时，赵隆侃转移到城外，因而保留了下来。他处理问题比较慎重，邓照明领导下的人告诉他，现在重庆市的组织和部分党员活动已经恢复了，领导人是邓照明。赵隆侃未去找邓照明，但赵隆侃后来通过武汉大学的同学关系，直接到香港去找到了朱语今和钱瑛。钱瑛经过与赵隆侃谈话，知道川东和重庆的一些情况后，要赵隆侃立即回渝找邓照明，这样，邓照明与钱瑛的关系才建立起来。

在与钱瑛恢复关系之前的 1948 年 11 月中旬，邓照明从上海回来以后，又到铜梁找到了肖泽宽同志。两人交谈了一个星期，把重庆市、上川东、下川东、川南各地的工作都捋了一下，交换了意见，情况也就明了和集中了。这时中共川东临委只有肖泽宽 1 个人，而且不敢回重庆了。邓照明把各地的组织和党员都已经完全恢复了。1948 年 12 月底，邓照明到香港找到了钱瑛，向钱瑛汇报了重庆和上下川东以及川南的工作。邓照明汇报完后，又写了书面材料。最后，钱瑛正式代表组织给邓照明谈了今后的工作意见。她分析形势说：辽沈、淮海战役结束后，国民党已经主力殆尽，全国解放在望了。地下党的工作方针就必须转变。前一段时期是以农村武装斗争为主，城市工作要配合农村，以自己的力量解放自己。现在全国快要解放了，因此，党在国民党统治区的工作方针是"迎接解放，配合接管"。要防止敌人在垂死前的大破坏，我们应组织革命群众保护城市、保护工厂、学校，要监视敌人的行动，配合解放军接管。关于川东地区党的组织领导机构问题，原来的中共川东临委只有肖泽宽同志 1 人了。决定建立中共川东特委，肖泽宽任书记，邓照明任副书记，委员问题留待下次再定。钱瑛还要邓照明和肖泽宽送一批干部到香港学习。当时邓照明和肖泽宽在九龙办了一个训练班，邓照明回重庆后与肖泽宽研究，从中挑选了20多人去香港学习。

邓照明在未去香港前，到大竹、邻水、广安山上去了一趟，按照他与肖泽宽交换的意见，不再搞大的武装起义，而是以分散的形式活动。因此，撤销了"广邻大山区党委"和"广邻大山区游击队"，分别成立了以陈尧楷为首的东山党委，以徐永培、徐相应为首的中山党委，和以王群、向杰栋为首的西山党委。三个党委下辖三支游击队，分别在大竹、垫江、梁山一带，大竹山后、张家场、杨通庙、文星乡活动；徐相应领导的武工队在广安、邻水、大竹山区活动，即中山武工队；在广安观阁、桂花场、广兴、邻水千丘塝一带有王群、向杰栋、胡正兴、粟绍波等领导的广安、邻水边区武工队，即西山武工队；在岳池阳和乡、广安天池乡和邻水挹爽、观音乡等地有张蜀俊、袁念之领导的岳池、广安、邻水边区武工队。在渠县，游击队则改变了斗争方式，通过成立"土地会""农民自救会"等，以群众组织的形式进行活动。

1949年1月10日，中国人民解放军华东、中原野战军协同打完了淮海战役。由刘伯承、邓小平、陈毅、粟裕、谭震林组成总前委，邓小平为书记，统一领导淮海前线的一切行动。历时2个月，共歼敌55万人，使得南京、上海、武汉处于人民解放军的兵锋之下。1月31日，林彪、罗荣桓、聂荣臻领导的东北、华北野战军联合完成了平津战役。这次战役共歼灭和改编了国民党军50万人，基本上解放了华北地区。三大战役过后，蒋介石赖以维持反动统治的主要军事力量已被消灭殆尽，大大缩短了解放战争的进程。以蒋介石为首的国民党把希望寄托在巩固西南的国统区，但华蓥山重庆以北这块战略要地，却让蒋介石格外忧心。蒋介石不惜动用重兵，也要把华蓥山的中共游击武装消灭干净。于是调派罗广文的第十五兵团"进剿"华蓥山。

30

梳箆清乡，游击队血战沙场

中共川东临委书记王璞于 1948 年 7、8、9 三个月，在岳武广渠合五县发动了武装联合大起义，华蓥山游击队在国民党统治区的心脏地区，公开打击敌人，牵制敌人，破坏国民党的兵源粮源财源，革命武装红旗在华蓥山高高飘扬，四川人民受到极大鼓舞，国民党反动派十分震惊。国民党调集了省保安二团、重庆内二警，到华蓥山周围县区乡进行"围剿"。西南绥靖公署重庆行辕主任朱绍良，任命国民党高参少将樊龄为指挥官，后又调四川省保安第十、第十一保安团助"剿"。1948 年 9 月 24 日，蒋介石打电话给朱绍良，责询华蓥山游击队情况，命令"迅速扑灭""一定要聚歼"而不让"流窜"云云。四川省主席兼四川保安司令王陵基，向蒋介石要求增加三个团的兵力获得批准后，由南京到重庆，与朱绍良、杨森（重庆市长、警备区司令）秘密召开紧急会议，策划"清剿"华蓥山游击队的方略。10 月 9 日，朱绍良亲自赶到璧山，视察国民党第十训练处，宣布（在大别山区，罗广文的第十五兵团被打败）罗广文为101军军长，并负责第十训练处，指挥西南的后调部队。11月14日，罗广文下令成立了川东北（华蓥山）"清剿"指挥部，派绥靖高参罗国熙接替彭斌坐镇岳池、大竹、邻水等地，调派108师726团进驻广安代市，在邻水罗锅铺设"清剿"指挥部，分段"围剿"华蓥山游击队。

王陵基回到成都，立即责令草拟"四川省政府"清剿"华蓥山股匪计划"，共十大项十八款。决定击破主力后，分区"搜剿"的"清剿方略"，并调遣4个保安团和各县的常备自卫队，下达任务，限令部队在1949年1月30日前到达指定地点，限1个月内"完成清剿""严厉实行管制交通，设置哨卡，以免匪奸往返"。

1949年5月，罗广文108师726团进驻广安，在华蓥山一带，挨家挨户清查户口，控制流动人员，对登记过户口的成年男女，发给"身份证"，凡是无证件的，都要拘捕审问。实行"连坐法"，把几户强迫编成一组，发现一个他们所说的"奸党"，其他几户都要受株连。敌人得知参加过广安观阁起义的郭兆银是广兴乡人，勒令广兴乡的保长梁惠光、甲长张前民要交出郭兆银，否则依法治罪。张前民交不出来被迫自杀，梁惠光为了蒙骗敌人，称郭兆银已经自杀，叫郭兆银的亲属痛哭流涕，像真的一般。不久，敌人发现郭兆银还活着，竟借召开"清剿"大会之名，将梁保长叫到敌"清剿"指挥部，当着开会的几百名乡长、保长将梁惠光枪杀，吓得所有来开会的乡保长个个面无人色。

敌人"清乡"时，在靠近山边的大小路口遍布岗哨，过往行人都要盘查。广安桂花场到观阁和天池有一条大路，规定以大路为界，路两边的居民，不能互相走动。在山上发现形迹可疑的人，就立即鸣锣、敲梆，其他哨所立即响应。罗广文的部队听到梆子声，立即倾巢出动。1949年6月的一个晚上，敌人在河东一带到处搜查，强迫桂花场的几百老百姓，打起火把到武工队长向杰栋住的向家寨附近搜查，闹了一个通宵，连游击队的影子都没见到。敌人见岗哨不起作用，又强迫住在山顶和山腰的农民全部搬下山来住，企图割断游击队与群众的联系，还凶暴地"踩山"，强迫当地群众手牵手地走前头，乡、保丁随后，罗广文的部队则牵着警犬在后面督阵。从山脚搜到山顶。对无法插足的棘丛和不能攀登的悬崖，就用机枪密集扫射。

罗广文的部队"清乡"时，抓不到共产党和游击队员，就强迫家属交人。大竹清乡一开始就把陈尧楷一家人祖孙四代，徐永培、徐相应的直系亲属，江山林的母亲和妻子以及许多同志的家属，关在大竹、邻水的乡公所，逼迫他们交出自己的亲人。6月26日，广安、邻水山区游击队分队队长向道合等，住在向杰明家里，敌人前往搜捕，没有抓住向道合，便将向杰明当场杀害。7月，罗广文匪军在广安观阁"清乡"，没抓到武工队长王兆南，就将他怀孕的妻子苏万珍押到山上寻找，边走边用枪托打。找了一天，不见王兆南，又将舒万珍弄到观阁镇公所吊打。

罗广文部在广安"清乡"3个月，有上千人被关押拷打，无数人被杀害，仅桂花场一地，就被枪杀28人，与桂花场相邻的邻水千丘塝，几天内就枪毙了19人。8月初，东岳乡一次就抓捕了100多人。

罗广文部在大竹"清乡"，持续了4个月，这段时间游击队在战场上牺牲的共21人，被捕后被杀害的42人，被敌人杀害没有证实身份的44人，总计107人。

1949年2月，邓照明在重庆化龙桥红岩村饶国模老人家里，召集王群、胡正兴、徐春轩开会，分析当前国内形势，传达钱瑛的指示精神。邓照明说："国内形势每天都有变化，国民党军在辽沈、徐州、淮海、平津战役之后，已经日薄西山，我人民解放大军，不久就要渡过长江，剑指南京了。国统区不需要大规模的游击战争了，要以小型武装为主。"然后宣布：撤销广邻大山区党委和广邻大山区游击队。根据华蓥山的地理环境和游击队活动的区域，重新组建东山党委、中山党委和西山党委。三个党委各领导一支武装进行活动。

指定陈尧楷为东山党委书记，刘继清为委员；徐永培为中山党委书记，军事委员为徐相应，组织委员为贾荣甫；王群为西山党委书记，向杰栋为军事委员，胡正兴为组织委员。邓照明在会上谈到关于今后的任务时说："以前成立广邻大山区党委和广邻大山区游击队，一则是为了减轻王璞这边的军事压力。广邻大再搞武装起义，已经没有什么意义了。主要斗争方式也要改变，采取武工队的方式活动，特别要抓群众组织，开展群众斗争。你们回去后要传达这次会议精神……"

王群和胡正兴回到广安桂兴山上，见到向杰栋，召开了第一次西山党委会议，武工队分工，王群和向杰栋领导一支武工队在桂兴槽麻洞一带活动。王兆南领导一支游击队在观阁、广兴山区活动。胡正兴、粟绍波、罗永尧领导一支武工队在邻水观音桥、柑子铺一带活动。

徐永培、徐相应、贾荣甫领导的武工队在大竹中、东二山与竹、垫、邻边界的广大山区发动群众，宣传党的主张，在国民党不断"追剿"，环境极端恶劣的条件下，进行艰苦卓绝的斗争。敌人把徐相应和徐永培领导的游击队视为画影捉拿的目标。1949年3月7日，大竹县县长朱焕北向大竹专署呈报了敌特侦察追踪徐永培、徐相应的《大竹县中共地下活动情形》，详细汇报了徐永培、徐相应和陈尧楷的组织系统活动情况，并"已令饬严密防剿"。5月10日，川鄂绥靖公署下发了《辖境内共匪实力调查统计表》，更把陈尧楷、徐永培、徐相应领导的武工队列为主要敌人。5月，蒋介石电令重庆绥靖公署，着命罗广文担任新编练军101军军长，率部赴华蓥山周围的大竹、邻水、渠县、广安、岳池、武胜、合川、垫江、梁山、北碚等10县，对中共游击队实行残酷"清剿"，与四川省保安司令王陵基共同制定了《四川省第十区保安司令部辖区清剿计划》，限期彻底肃清辖区内土共及烟匪云云。国民党政府派罗广文的2个团，省保安二团1个营，第十区保安大队2个中队，县区保安部队以及乡保武装数千人，加上被强迫给敌人鸣锣敲梆的数万"民哨"，给大竹蒙上了一层血腥的恐怖气氛。敌人叫嚣实行"宁可错杀一千，也不放走一个"的血腥政策，用所谓"梳篦清剿法"，扬言要像"梳子梳，篦子篦，剃头刀剃"一样，把共产党人斩尽杀绝。除此之外，命令正规军和乡保武装拉锯似的反复"清剿"。强迫农民站岗放哨，成群结队地到山上"踩山"。采用机枪扫射，乱石滚打，纵火烧山，不留一草一木，不让游击队有藏身之地。到处张贴悬赏捉拿游击队员，把知道的游击队员家庭称之为"共匪之家""共党嫌疑犯"，甚至他们认为靠不住的乡保人员也要被捕杀……腥风血雨满华蓥。徐永培、徐相应、陈尧楷、欧君良等游击队员，失去了与群众的联系，只好潜伏在深山老林里，住岩洞、吃野菜干粮，风餐露宿，经受着严峻的考验……

东山游击队

国民党派重兵"围剿"华蓥山时，将东山游击队和中山游击队、西山游击队的联系切断了。罗广文部队将指挥部设在大竹县城，在邻水锣锅铺设前进指挥所，把游击队分割成三段，然后分段进行血腥的残酷"清剿"，山区党委和游击队处于孤军作战的困境之中……

陈尧楷为了活动方便，化名周毛尔，在竹垫梁交界的天池山区开辟工作，这一带有一定的群众基础。1948年初，党组织就派杨迅行来到这里，建立了党的支部，乡队副王代甲已加入了中国共产党。陈尧楷、徐永培、杨迅行、戴国惠、谷太章、王代甲等，将乡丁队伍进行改造。一面发动群众，扩大武装，开辟以天池为中心，围绕八渡、明滩、垫江的武安、沙坪、梁平、回龙部分山区村镇的游击区，已经初具规模。

陈尧楷把过去武装斗争的骨干成员，都分到老区活动，风险不大。新区开辟，人生地不熟，困难大很多，他便自己去。陈子侠、陈尧臣等为陈尧楷的安全担心，提出要与他同去，陈尧楷拒绝了，还耐心开导他们：你们要服从革命需要，以革命利益为重。你们都是武装斗争的精英骨干，要活得光荣，死得伟大。陈子侠说要同去的次数多了，陈尧楷便大声呵斥："革命利益为重，不能太自私了！"

一天午后，陈尧楷和老黎在八渡花岩头的小路上边走边谈，突遇从大竹专署开会返回垫江的县长颜觉。颜觉对天池山区早有所闻，顿觉陈、黎二人形色不对，遂喝令站住，听候检查。老黎开枪逃脱，陈尧楷奔逃不及，被颜觉随行的警察抓获。

颜觉在陈尧楷身上搜出手枪子弹6夹、党内文件2件，于是将陈尧楷带到沙坪乡公所关押。

文件分别是两张3寸见方的纸条，系中共川东临委近期工作部署。其中，1. 总任务：积极做起义准备，配合形势和推动形势之有效。2. 工作地区：长垫梁公路以西，嘉陵江、渠河以东，南起邻水、张家场，北止竹梁公路。隐瞒身份是不可能了，陈尧楷脑瓜急转，考虑对策。

审问一开始，陈尧楷便装作可怜，老实巴交的样子。

问：你叫什么名字？

答：周明中。

问：什么地方人？

答：江北刘家台人。

问：好多岁？

答：二十四了。

问：什么职业？

答：大雄中学毕业后参加共产党。

问：为什么加入共产党？

答：因为考起重大，无钱升学。

问：同行几人，叫甚名字？

答：同行二人，叫黎明，是胡斌介绍同路去会张礼。

问：张礼是什么人？

答：共产党天池山区负责人。

问：你究竟是干啥的？

答：派来天池八渡回龙协助张礼工作。张礼是天池山区负责人。主要任务是沟通天池、回龙两保保代表、保长、运动民枪。

问：最高指挥人是谁？

答：郑踔子。广安、大竹、邻水、梁山等县归郑指挥。

问：郑踔子在何处？

答：不清楚。

审问结束了，陈尧楷有问必答，实在是不堪一击！颜觉便起身忙他的公务去了，将陈尧楷交给沙坪乡乡长卢继贤，着他严加看守。

入夜，陈尧楷叫住看守他的警丁班长董少怀和警丁蒋子成、卢国民："伙计，打个商量……""吵啥子，老实点……"警丁班长装腔作势，凶巴巴的。

"肚儿唱戏了，我这里有两块硬洋，麻烦伙计动个步，买点烧腊，打点酒嘛……"

烧腊和酒买回来了，几个人凑在一起大吃大喝，顷刻间，个个醺醺大醉……

"伙计……捆松点，哪个……才跑……"

陈尧楷装作醉眼蒙眬，语无伦次，倒在地上呼呼入睡了……

几个警丁渐渐支持不住，见陈尧楷口吐白沫，鼾声如雷，也都睁不开眼进入梦乡。

陈尧楷悄悄挣断绳索，逃出了虎口……

第二天一早，敌人乱作一团。从警丁到专员，人人打报告，做检查。卢继贤被撤职，董少怀等被法办。重庆绥靖公署、四川省政府的命令、函件，雪片似的飞到各个区县……

几天之后，陈尧楷奇迹般的逃出来了！战友们欢呼起来。他们舍生忘死，在大邻垫边界地区，东奔西突，浴血奋战……

1948 年 11 月，国民党第七编练司令罗广文部开进大竹，在大竹设立川鄂绥靖公署指挥部，狂妄叫嚣"御匪于境外，安民于境内"。罗部 242 师师长雷鸣与大竹县署勾结，残酷屠杀共产党和革命群众，他们认为是共产党、游击队的，抓住就杀，疯狂泄愤。罗广文的十五兵团在淮海战役中，被人民解放军打垮，罗广文又被蒋介石任命为编练司令，帮助蒋介石镇压国统区华鎣山的起义军游击队，于是大开杀戒……

1949 年 3 月下旬，徐春轩带着中共川东特委的指示，找到陈尧楷，告诉他，上级指示，现在的中心任务是迎接解放，配合接管，武装斗争不搞了，敌人很可能要对华鎣山游击队进行大规模的"围剿"，游击队要分散隐蔽撤退。徐相应、徐永培他们也一样，杨迅行、王代甲那边也要分散转移。陈尧楷说：分散可以，撤，就大可不必，偌大一片东山，是打游击、拖住敌人最好的地方。国民党总不得拿扫帚扫，拿梳子梳，拿篦子篦吧！

从入党那天起，陈尧楷就把生死置之度外，他告诉他的家属、亲友：被敌抓住了，死也不能说，死也不能下跪，死也不能投降！他常说："不怕三十而死，就怕死后无名！"他的妻子廖达惠，勤劳俭朴，待人忠厚。在张家场，外来干部与武工队员住在她家里，常常几桌人开饭，人来人往，边吃边煮，累得她腰酸背痛。家里的粮食吃完了，还得到邻居家去借米、借钱，她也毫无怨言。刚生下儿子天兵 6 天，敌人"清乡"了，她拖着虚弱的身子，一面躲兵，一面为陈尧楷探听消息。罗广文在她家贴上"共匪之家"，还留人监视她家。廖达惠无家可归，颠沛流离，在邻水石永乡被敌人抓捕。敌人严刑拷打，"吊金木脑壳""吃朵酒"，把双手拇指反绑在一起，从中加塞子，要她交出陈尧楷，廖达惠咬紧牙关，只字未吐。敌人要把她拖出去枪毙，两岁的儿子天兵哭着抱住她："妈……我要吃奶……"敌人阴险地一笑，留下了她们母子，准备放长线钓大鱼……

5 月 14 日，陈尧楷带着陈子侠等到邻水八耳滩一带活动，敌人尾随而来。陈尧楷等刚到他大姐张碧华家①，准备午休，敌人就到了。陈尧楷等立即从侧门往后面松林坡撤。张碧华紧闭大门，被敌人砸开后，又将敌人死死扭住。陈尧楷等游击队员边打边退，安全撤离，敌人扑了空，恼羞成怒，将张碧华抓到张家场枪毙。张碧华毫无惧色，临刑前破口大骂，扭住敌人撕打，最后英勇地倒在血泊之中……

1949 年 5 月 23 日，罗广文部和大竹专署、大竹县政府实施全方位"清剿"。他们在大竹、邻水、广安的三山两槽驻满了兵丁，实行保甲连坐，岔路口、街边、巷道、山上、山下设立民哨，国民党政府军、罗广文的两个团、省保安二团一营、第十区保安大队三个中队、县区保安中队以及乡保武装数千人，还强迫沿山居民数万，手拿锣鼓、木梆，白天踩山，晚上守夜，一处有事，沿线鸣锣敲梆，敌人的突击营、突击连便倾巢出动……给大竹蒙上了一层血腥的恐怖，共产党人和革命群众面临着严重的灾难。

敌突击三营中校营长蒋冠群率部进驻张家场。陈尧楷带着游击队员在张家鸦雀口的密林中，用板子搭起一个临时窝棚，观察敌情，等待时机。蒋冠群在鸦雀口一带严密搜查，却无结果，就把武工队的老房东陈怀生抓

---

① 陈尧楷的大姐从小过继给陈尧楷的姑父，取名张碧华。

住，逼他说出陈尧楷等人的下落，陈怀生老人始终不说，竟被敌人枪杀了。风声一天比一天紧，陈尧楷考虑战友们的安危，将游击队分成几支，分头撤离鸦雀口。

陈子侠、张占云、陈天文等带领几支游击队撤离鸦雀口后，辗转到了邻水新仁，在当地农民谢罗汉的帮助下，转移到长寿、重庆等地，和当地党组织一起坚持战斗到大竹解放。

欧君良、胡礼学、张毛子等撤到了狮子寨，隐蔽在一个岩洞里。6 月 17日，敌人包围了狮子寨胡家沟。欧君良、胡礼学、张毛子等和敌人激战 3 个小时，终因寡不敌众，吴正武被俘，欧君良、胡礼学、欧伯年、欧东林、欧君臣壮烈牺牲，血染东山！

陈尧楷、刘继青、刘尧明、刘继祥、刘兴益打算往下石子转移。然而，遍地兵丁、民哨林立，围得铁桶一般，出不去了！陈尧楷他们只得在鸦雀口一带苦苦坚持，没有了食物，整天整天地在荆棘丛生的密林里穿行，浑身上下，留下了累累伤痕，多日不进饮食，人都瘦得只剩下一把骨头了……

20 多天过去了，敌营长蒋冠群未见到陈尧楷的踪影，抓了无数群众，严刑拷打，仍无一点消息。蒋冠群颓丧地打起了铺盖卷，拆了电话线。6 月25 日，限期到，准备撤离了，就在这时，陈吉光前来告密……

那天雨后的清晨，陈吉光家的长工张和田，到山上去捡菌子。在枇杷岩的一个岩壳里，陈尧楷看见了张和田。陈尧楷摸出一块大洋，请他煎点麦粑送来。张和田在陈家推麦面时，陈吉光问他：推麦面干啥？张和田只好说出了原委，陈吉光立即前往蒋冠群处密报。

蒋冠群欣喜若狂，立即倾巢出动，包围了枇杷岩，敌人像一群蚂蚁，押着踩山的农民走前头，乡保武装紧随其后，蒋冠群围成第三层，一路杀气腾腾奔向枇杷岩，包围圈越来越小……

陈尧楷紧握双枪，深情地望着他的战友："不能在一起等死，你们撤，快！……"

刘继青，东山党委委员、陈尧楷的得力助手、张家场地区党组织和武工队的主要负责人之一，怎么忍心撇下陈尧楷……他和刘尧明犹豫着，迟迟不肯离去。

"快！敌人近了，活一个算一个！"

刘继青、刘尧明最后望了一眼敬爱的陈尧楷，消失在密林中……

陈尧楷的双枪响起，他把敌人吸引到自己身边，给战友赢得了转移的时间。

这些兵丁都害怕"双枪王"陈尧楷，趴在地上不敢动弹。陈尧楷奋力向岩上爬去……然而，因为长期饥饿，他已经没有了力气，那岩壳高约丈许，他撑了几次，都滑了下来。敌人又是一阵疯狂地射击。陈尧楷的腿上中了两弹，流血不止，痛不能支，他回转身来，背靠在石壁上，面对匪兵，威风凛凛，怒目圆睁……他砸烂了一支手枪，把另一支枪管含在口里，扣动了扳机……

英雄陈尧楷倒下了！时年仅 27 岁。群山呜咽，千松肃立，踩山的群众凄然泪下……

国民党兵团司令罗广文，还未得准确消息，便在《中央日报》上吹嘘：窜扰垫江、梁山、大竹、邻水之"共军匪首"陈尧楷，已在垫江西山附近被国军捕获……

（注：不到 5 个月，罗广文部便被中国人民解放军包围，成都战役时，罗广文被迫在郫县起义。）

中山游击队

1949 年 2 月，广邻大山区党委和广邻大山区游击队撤销后，又成立了三山党委。徐永培任中山党委书记，徐相应、贾荣甫为委员，徐相应任军事指挥，领导着三支武工队。杨迅行、王代甲、郝德进领导的一支武工队有20余人枪，在八渡、明滩、周家、新店一带活动；李阳富带领一支约20人枪的武工队在杨通、神合、双河一带活动；刘凤举带领一支约10人的游击武工队，在石桥、永兴一带活动。这三支武工队有时称"人民解放军第九支队"，徐相应为司令员，深入到大竹中、东二山和竹、邻边界的山区及深丘地带发动群众，宣传党的主张，开展游击活动。

1949年春的一天，徐相应带队前往竹、邻边境的冯家沟，惩治土豪劣绅邱少虞。这天，邱家正在大办酒席，强人送礼，搜刮民财。迎来送往，好不热闹。10多个武工队员混在宾客之中，指挥员躺在滑竿上，貌似贵客，大摇大摆地直奔邱家。邱少虞热情出迎，见是徐相应，吓得呆若木鸡，乖乖地交出15支手枪，2箱子弹。

一天，中山党委领导的几支武工队在文星乡散发传单，在返回途中，遇到谢成孝的情报员陈九如和一名乡丁。陈九如说："共产党有好凶，我陈九如不怕！"正好遇到胡运文、雷毛子、张玉廷、李光钊等。李阳富、胡运文等一拥而上，缴了他的枪。陈九如吓得拔腿就跑，雷毛子"砰"的就是一枪，陈九如来不及喊妈，就倒在路边，呜呼哀哉了……

中山党委徐永培和徐相应是叔侄。徐永培比徐相应长2岁，他们从小在一起上学，1943年又一起到重庆育才学校求学。徐永培上社会组，徐相应上音乐组。在育才学校，社会组开设了以马列主义为指导的社会、政治课程。徐永培和进步同学组成了马列主义著作学习小组，利用课余和节假日，认真学习马列的原著。他学习勤奋、理论素养较好，成熟也快。学校党支部书记廖意林对他印象很深。徐永培在学校壁报上办《星报》，宣传中国共产党的主张，除了廖意林评价《星报》有战斗性外，校长陶行知也表扬《星报》能够发扬民主，敢于批评危害学校集体生活的不良倾向，并要求

《星报》能团结更多的同学共同进步。徐永培和同学们深受鼓舞。1945年夏，徐永培、陈尧楷、赵义熙等受育才党组织的派遣，回到大竹杨通、张家一带以双河小学和邻山中学教书为掩护，积极开展游击斗争的各项准备工作。

徐永培回到杨通乡后，约同徐永志、江山林等发起成立五区青年学习研究会，并在杨通、文星、张家、神合、童家等地建立分会。他组织会员学习《大众哲学》《社会科学二十讲》《通俗经济学讲话》《新民主主义论》等著作，实际为后期开展武装斗争做好了组织准备。

1947年夏天，中共重庆市委委员彭咏梧派胡正兴、陈以文、王敏等一大批党员干部来大竹山后加强领导，10月，胡正兴、陈以文、王敏等相继到杨通场，恢复了部分党员的组织关系，吸收了徐永培、徐相应加入中国共产党，建立了杨通特支。徐永培任书记，徐相应、贾云甫为委员。

杨通特支成立后，徐永培要求每个党员由点到面发动群众，先在居住地的周围，做好亲戚、好友、邻居的工作，然后逐步扩大范围，深入千家万户。在特支的领导下，党员们常在晚上分头向农民进行"三抗"和翻身的宣传活动。经过一段时间的努力，先后在人和寨、罗家店、江家祠堂建立起8个据点，每个据点各有二三十人。特支从中挑选了一批勇敢、机灵的组成了秘密武工队。

1948年1月中旬，徐永培、徐相应、陈尧楷等在杨通据点联防湾召开党员、干部、武工队员大会，宣布中共上川东地工委第一工委成立。书记邓照明在会上讲话，号召大家依靠人民群众，扩大革命武装，等待机会举行武装暴动。大竹山后地区，逐步控制了乡保政权，活动也公开了。他们大张旗鼓地发动群众开会、上课、教歌、站岗放哨……晚上，上百名群众到庙里开会，群情振奋，歌声嘹亮，"花儿遍地开呀，解放军就要来……"

这以后，杨通不仅有了常备武工队，而且群众也发动起来了，他们拿起马刀、棍棒，大张旗鼓地抗丁抗粮，商人起来反对政府的苛捐杂税。杨通乡乡长徐世极十分恐慌，有时，也不得不为中共的活动提供一些方便。以张家、杨通为中心的大竹山后区，成为川东地区群众工作和武装斗争的典范，被王璞誉为"蒋管区的解放区"。

大竹山后区的革命活动，早已惊动了国民党政府，他们调动军警对革命力量进行镇压。2月初，第十区保安副司令付渊希率领大竹保安大队两个中队到大竹山后区"进剿"，被陈尧楷、徐相应率领的游击队迎头痛击，激战一天后，战败狼狈逃窜。这让国民党政府十分震惊，不久即派国民党军整编79师293团开到了大竹山后，在张家、杨通反复"清剿"，乱杀滥捕，制造白色恐怖……杨通场乡长徐世极立即背信弃义，与国民党"清剿"部队沆瀣一气，抓走了担任保长的中共党员徐永志。徐永志一口咬定是徐世极请人为游击队修枪、装弹，他做的事也是奉乡长徐世极的命令而行。国民党"剿共"部队以"通共"罪枪毙了徐世极，党员徐永志也被敌人枪杀……

1948年8月，华蓥山周围的广安代市、观阁、武胜三溪、岳池伏龙、合川金子等地相继爆发起义。起义部队遭到国民党反动派的残酷镇压，革命力量遭受重大损失。为了减轻起义地区的军事压力，当时在重庆负责重起组织工作的邓照明决定，让早已搞红了的徐永培、徐相应和陈尧楷两部在华蓥山区重新打响，牵制敌人，以"围魏救赵"。邓照明在重庆买了3挺机枪运到大竹，又陆续调去一批干部。9月初，邓照明在重庆召集王群、胡正兴、徐永培、徐春轩等开会，组建了广邻大山区党委和广邻大山区游击队。陈尧楷任党委书记兼游击队司令员，徐永培任党委委员兼政治部主任，徐相应则协助陈尧楷负责军事指挥。

徐永培知道，这是需要他和他的战友付出重大牺牲的决策，他立即写信给未婚妻："我目前的情况不知漂流到何时，也不知漂流到何地，小姐，为了你的幸福，我们解除婚约吧，愿幸福等着你……"

山区党委和山区游击队成立后，立即聚集起力量，像当年建设"蒋管区的解放区"那样，大张旗鼓地干起来，继续争夺乡政权，惩治敌特和劣绅，公开在东山打猎，演习游击战术，深入开展武装斗争，支持群众抗丁、抗粮、抗税……武装斗争的枪声，迅速在渠河以东的华蓥山区响了起来……

双河邻山中学训导主任谢成孝，反动气焰十分嚣张，他和石子区三青团书记邹缉光勾结，带着十几个拿枪的痞子专门与游击队作对。山区党委决定除掉这个祸害，由徐永培组织力量执行。

徐永培等仔细研究了谢成孝的活动规律，设想了几套行动方案，最后决定在邻山中学除掉他。11月某日，徐永培派雷毛子、张毛子、徐代文、胡远成趁夜色混进学校，他自己在校外接应。晚自习后，谢成孝站在台阶上点名讲话。学生一走，雷毛子立即举枪射击，可惜子弹失灵，没有打响，张毛子赶紧补了一枪，但因台阶下长满了青苔，张毛子脚下一滑，子弹朝天飞了出去，其他两人怕伤到学生，没有开枪，谢成孝趁机跑到楼上。张毛子追到楼上时，谢成孝已经破窗逃跑了。另一个特务邹缉光被游击队当场击毙。

徐永培、徐相应不时打出"人民解放军第八支队"的旗号，和陈尧楷的"人民解放军第七支队"、欧君良的"人民解放军第九支队"互相呼应，互相配合，借此扩大声势，迷惑敌人。

他们的行动，遭到国民党反动派的更大镇压。1948年11月，国民党调派第七编练军司令部司令罗广文部进驻大竹，成立"川鄂绥靖公署指挥所"。敌人"清剿"的重心终于转移了，川东党的战略意图部分地实现了。但是，由于敌人的残酷"围剿"，王璞同志的牺牲，华蓥山周边各县的大规模起义很快转入了低潮。广邻大山区党委和山区游击队成为华蓥山起义失利后在川东农村坚持战斗的主要力量。

1949 年 1 月底，邓照明与肖泽宽在重庆对川东党前段时间的武装斗争进行了检讨和回顾，觉得敌人在四川的力量仍非常强大，大规模的起义遭到了国民党反动派的强力镇压，现在应当以小型武工队活动为主，尽量不要与敌人硬碰硬地干，而应缩小规模，深入发动群众，隐形于群众之中。邓照明于是决定撤销广邻大山区党委和广邻大山区游击队，另成立东山、中山、西山三个党委，三个党委各领导一支武工队，分散在渠河以东的华蓥山区三山两槽及垫江一带继续进行游击活动，直至人民解放大军的到来。

徐永培任中山党委书记，徐相应、贾荣甫为中山党委委员。他们带领游击队在邻水的中山、东山和竹垫边界的广大山区发动群众，在极端恶劣的环境下进行艰苦卓绝的斗争。

5 月底，大竹保安司令部和罗广文共同制定了《四川省第十区保安司令部辖区清剿计划》，赓即进行了"宁可错杀一千，决不放走一个"的"梳篦清剿"。

1949 年 1 月 1 日，毛泽东为新华社写的新年献词《将革命进行到底》，宣告了中国人民解放军已经吹响了解放全中国的号角。4 月 21 日，毛泽东、朱德发布向全国进军的命令。第一野战军和华北野战军一部进军西北；第二野战军和华北野战军一部进军西南；第三野战军进军东南；第四野战军进军中南。从 20 日子夜起，第二、三野战军的百万雄师，在西起湖口，东至江阴的千里战线上，强渡长江天险，彻底摧毁国民党苦心经营的长江防线，23 日占领南京，宣告国民党反动统治的覆灭。

形势发生了根本性的改变，在上海的钱瑛为了在国统区的武装力量能做好迎接解放的工作，把第一梯队的干部抽到香港学习，中共川东特委书记肖泽宽、副书记邓照明撤到香港，任命中共川东特委第二线、三线的领导接替工作。5 月，中共川东特委负责人卢光特根据上级指示，布置三山党委和所率领的武工队化整为零，转移到新的地区，保存力量，迎接解放，配合接管。可是，在数十倍的敌人严密封锁的情况下，徐永培没有机会研究已经变化了的时局，党组织和他们的联系也十分困难。直到1949年5月底，徐永培和徐相应才去重庆找到了中共川东特委负责人卢光特。起先，他们仍斗志高昂，要求上级支持他们扩大武装力量，与敌人周旋到底，为牺牲了的战友报仇。经过中共川东特委对形势的分析和讨论，才慢慢冷静下来，统一了对时局的认识和应对的方针。

6月初，徐永培、徐相应回到邻水龙安乡六保，隐蔽在贾献廷家中，准备找机会回到大竹山后区，接出还在山上的干部和游击队员。但是，当地敌人的谍报人员发现了他们，立即向驻在柑子铺的敌突击二营营长雷迅锋告密。6月13日晚，雷迅锋派兵突然包围了贾家，号叫着冲进屋内搜捕。中山党委委员贾云甫，共产党员、武工队骨干徐世万、贾子荣等当即牺牲。徐永培冲到屋外，又遇到敌人拦截，在敌人前后堵截下，不幸被捕……

徐相应逃出虎口之后，趁夜色掩护，避大道，走小路，晓宿夜行，潜回了家乡大庙寨。这时的大庙，风声甚紧。离大庙寨仅1里左右的杨通场，早有敌人重点驻守。徐相应便在屋外的一条阴沟洞里隐蔽下来。但是，邻居袁银珍已经成了敌人的眼线，在敌人悬赏的诱惑下，向敌人告了密。6月17日午后，敌人派兵包围了大庙寨，挨家挨户进行搜查。通过袁银珍的示意，敌军发现了那条阴沟，立即在阴沟的出口，用辣椒熏烤，并杀气腾腾地大喊大叫。徐相应推开阴沟上面的石板，甩出一颗手榴弹，跳了出来，趁敌人惊魂未定，冲过敌群，登上寨墙，纵身跳了下去。

可惜，那颗手榴弹因受潮，并没有爆炸。吓晕了的敌人清醒后，一齐向徐相应追了过去。徐相应已经跑到寨下一根田坎上了。保长儿子马生六拦在前面，向徐相应连开两枪，徐相应又甩出一颗手榴弹，又没有爆炸。这时，敌人已经追上来了，敌众我寡，徐相应被捕了……

他凛然正气，让敌人胆寒。他提出，母亲的坟头就在前面，我要向母亲告别。敌人默许了他的孝心，押着他来到母亲的坟前，徐相应双膝跪地，深情地向长眠在地下的母亲深深地磕了三个响头，以示告别……

徐相应被押到大竹城，和徐永培一起关在三圣宫监狱里。他俩都屡受酷刑，伤痕累累，血迹斑斑，却仍然不低头。在刑讯中，他总是抓住时机痛骂蒋介石祸国殃民。一名国民党军官问他：你一表人才，又是音乐家，这样死去划算吗？徐相应朗声笑道：我生为人民，死为主义，比起你们为独夫民贼蒋介石卖命，不知划算多少倍……

徐相应的表姑蒋修文，积极设法营救徐相应。她结识了罗广文手下的青年军官陈忠明，三番五次地请他营救徐相应。这名年轻军官有点正义感，对国民党已经丧失了信心，但他仍不相信共产党。他认为，一个拿枪杆子搞暴动的共产党人，不过是一介武夫而已。当他受蒋修文请求到监狱探视时，在与徐相应谈话中，徐相应精辟的见解、渊博的学识，高雅的谈吐，以及他俊逸潇洒的堂堂仪表，让这名很自负的军官自愧不如。他认为徐相应是个人才，如果死了，对国家、对人民都是一个损失，他决定向同乡罗广文求情……

大竹城区中学暑期实习班的师生知道徐相应是有名的歌手，求陈忠明让徐相应来补习班宣传队教歌。陈忠明也敬徐相应的音乐才能。7月上旬的一天下午，陈忠明把徐相应带到大竹南街孔庙内，补习班的同学早在此等候。连长和陈忠明带徐相应到了教室。徐相应神态自若，含笑向同学们致意。同学们向徐相应投去敬佩的目光。敌人事先印好了两张歌单：一张是反动歌曲，另一张是《借人头平物价》，其内容是物价飞涨，人民生活困苦不堪，必须打击、枪杀奸商以平物价。他教了《借人头平物价》之后，他引吭高歌："风在吼，马在叫，黄河在咆哮……"这首抗日歌曲，热情奔放的歌声和这雄壮激昂的旋律，引起同学们的强烈共鸣，大家不约而同地随着徐相应的节拍纵情歌唱……

"端起了土枪洋枪，挥动着大刀长矛，保卫家乡，保卫黄河，保卫华北，保卫全中国！"

那一天，闻讯而来的群众挤满了补习班和街头巷尾，人们注视着这位音乐家、游击队的司令员，心里充满了崇敬。罗广文放心不下，不敢再放他出来教歌了。

陈忠明的斡旋，改变不了罗广文的主意。徐相应不愿苟且偷生，向敌人投降。他对前来探监的姑婆徐代静说："我死了之后，请把我葬在许家高坡上，我要看到解放大军的红旗在大竹城里飘扬，要听到解放军的大炮震天响！"

临刑那天，他向罗广文提出了三点要求：照相、写遗嘱、枪杀时点心。1949年8月10日，大竹城里阴风阵阵，杀气腾腾，敌人三步一岗，五步一哨，全城戒严。徐相应被押到大竹衙门口时，先几天被捕的徐永培也被敌人押到这里。叔侄恩，战友情，一齐涌上心头。他们在押赴刑场途中高呼："中国共产党万岁！""打倒蒋介石！""打倒国民党！"……在刑场上，他们仍高呼着口号，直到英勇地倒在血泊中……

牺牲时，徐永培26岁，徐相应仅24岁。

西山游击队

1949年2月，邓照明在重庆化龙桥召集王群、胡正兴、徐春轩、徐永培等开会，传达上级领导钱瑛同志的指示，同时宣布了中共川东临委的工作结束，另成立中共川东特委，肖泽宽同志为书记，邓照明同志为副书记。同时撤销广邻大山区党委和广邻大山区游击队，另成立东山、中山、西山三个党委。西山党委由王群任书记，向杰栋为军事委员，胡正兴为组织委员。下辖两支武工队：胡正兴带领一支游击队在邻水千丘塝、香炉山一带开展工作。1949 年 2 月，建立了党的观音桥特支。由粟绍波任书记（后由林大寿接任），罗永尧任副书记，朱汉金、林大寿为委员。游击队由朱汉金任队长，陈太学、余代泉任副队长，粟绍波任指导员。这支游击队分为 3 个小队，由余代银、朱一银、谢传伯分别任小队长，共有 30 多人枪，每个游击队员在衣袖上缝了一块黑布作为联络记号，在千丘塝和大竹高家坝一带活动。

王群、向杰栋领导一支游击队在桂兴、槽麻洞、观阁、广兴等地发动群众，进行"三抗"斗争。这支游击队分为两个分队：一分队由王兆南任分队长，袁念之任指导员兼观阁特支书记；二分队由向道合任分队长，在王群和向杰栋直接领导下工作。主要活动地点在桂兴、大良一带。一方面深入贫苦农民中宣传党的方针、政策和解放军的胜利，组织群众进行"三抗"斗争；另一方面就是神出鬼没地打击国民党反动军警和土豪劣绅。

瓦窑沟位于广安、邻水交界处，是广安桂兴乡一个边远的山沟。1949年 1 月下旬，王群、向杰栋带领张占云、胡礼学、蒋登银等，从广兴乡出发，半夜到了邻水千丘塝，由当地党员朱汉金把游击队带到瓦窑沟一个壮族朱大娘家里。第二天下午大约两点过，游击队员们睡得正香，突然外面狗叫得厉害，游击队员爬起来从竹篱笆缝往外一看，呵！敌人已经把院子包围了，一边打枪，一边喊："朱大娘快出来！"怎么办？出是出不去了，游击队员埋伏在灶房的猪圈旁边，准备和敌人硬拼。

敌方是桂兴乡的乡保丁，有 100 多人，由乡队副谌旭章带队，武器较好，战斗力较强。敌人围住院子，打了一阵枪，又喊了话，不见动静，又大声叫喊，要是不出来就要放火烧房子了！游击队王群叫朱大娘出去回话，说屋子里没有人。这时，敌人派了一个乡丁进屋，屋里没有灯，黑乎乎的，什么也看不见。游击队在猪圈边，屏住呼吸，没有开枪。另一个乡丁进屋，拿着电筒刚好照射到游击队藏身的猪圈，向杰栋喊了声"打"，5 支枪一齐射击，那个乡丁立即倒了下去。外面的敌人听见屋内的枪声，一下子慌了手脚。集中火力向屋里射击，双方展开激烈的战斗。敌人在外面吼道："缴枪吧！再不出来就要烧房子了！"说着，一个乡丁真的点燃了火把向房子边走来。一个队员瞄准他放了一枪，那家伙尖叫一声，丢掉火把，用手捂住血淋淋的耳朵逃跑了。

相持到黄昏，敌人觉得晚上对他们不利，把包围房子两翼的队伍撤了，并问："你们是哪部分的？"王群说"我们是向老五领导的游击队"，因为向杰栋是当地人，桂兴附近几个乡对"向老五"这个名字很熟悉，又是悬赏捉拿的"要犯"。有人问：向老五在不在里边？向杰栋一听是何克宽的声音，就说："我们是共产党领导的游击队，现在全国都要解放了，你们要识时务，不要跟国民党卖命了。"接着王群又进行了一番政治攻势。敌人就泄气了，正在这时，朱汉金带着几名武工队员赶来支援，在对面山上放了几枪，敌人更虚了。游击队趁机提出三个条件与他们谈判：一、这一带是我们游击队活动的地方，今后不要再来；二、不准欺压老百姓，特别是不得对朱大娘进行迫害；三、双方停止开枪，让出路来。他们也提出两个条件：一、要抬走死人；二、给他们留一支枪，好回去交差。为了保护群众，避免损失，游击队同意了他们的要求，安全撤出了朱大娘家。

再打恶霸邱少虞

1949年3月初，粟绍波向党委反映，邻水太和场有个恶霸邱少虞，仗着手里有枪，在当地作威作福，阻碍游击队发动群众，经党委决定，由向杰栋带队去除掉他。

向杰栋从三个分队中挑选了王兆南、粟绍波等12个具有战斗经验的同志，从桂兴出发，先派人对邱家进行了侦察。他家是个四合院，后面有个碉楼。游击队选择一个当场天。头天晚上就潜到他家很近的贫苦农民吴老汉家里，待第二天邱少虞赶场天回家时狙击。第二天等到下午4点钟时，仍不见邱归来。向杰栋便改变计划，马上去他家提枪。下午5点过，向杰栋指挥三个战斗小组分三路冲进去。王兆南走在前面，到了门边，对守门的家丁说：我们是大竹专署来的，有事要会邱大爷。邱少虞的家丁一看来头不对，立即想关大门，但已经来不及了，两个背枪的转身就往里跑，游击队瞬间就冲进屋里，一个组把邱家的人全看起来，一组人警戒，向杰栋带领一组人冲进碉楼搜查，缴获手枪2支、步枪8支，还有5箱子弹。撤走前，游击队把事先写好的一张警告条贴在墙上。上书：不要继续作恶、欺压群众，否则，严惩不贷！

之后，邱少虞不敢再住在乡下，搬进邻水县城去了。

国难深重参加革命，为真理走上战场

西山游击队里，王兆南分队是战斗力最强的。分队长王兆南早年在军阀袁葆初手下当过排长，与杨玉枢同是广安老乡。杨玉枢在杨森的士官学校毕业后，就分配在袁葆初的部队做连指导员，他们一直都关系很好。1938年王兆南在重庆当工人时，正值抗日高潮，他和其他热血青年一起上街游行。在重庆，他受到马列主义的熏陶，认识到只有共产党才能救中国。他热血沸腾，响应共产党抗日救国的号召，积极投入抗日斗争的行列。与工人和青年学生一道在重庆街头宣传和发动群众起来抗日，在严峻的斗争中，经受了组织的考验，1938年秋，被吸收为中国共产党员。

王兆南的活动受到特务的监视，无法继续在重庆待下去了，党组织决定让他回广安开展工作。

王兆南原名王少全，父母早年双双亡故，回到广安后，在侄儿王承顺家暂住。不久，王承顺便给王兆南说合了一门亲事，他结婚后便另立门户过日子。妻子苏万珍节俭、简朴。王兆南与她不久便有了一个儿子。观阁

乡长邓致久也是早年入党的党员，1946年经杨玉枢提议参选观阁镇镇长，邓致久当了乡长后，就提议王兆南出任观阁镇乡队副。

1947年夏天，王兆南受党组织的派遣，到伍家山开煤矿。党组织交给他三项任务：一是办成招贤纳士的厂矿，为革命积蓄力量；二是建立据点，掩护地下党员进行地下工作；三是发动群众进行"三抗"斗争，发展党的组织，建立地下武装。王兆南愉快地接受了组织交给的任务，辞去了乡队副的职务。

办煤矿，党组织并没有经费，王兆南也没有钱，只有地下党员邓致久出了一部分资，他便找绅粮们借。绅粮们知道开煤矿利润高，加上王兆南为人正直，说话算数，不但愿意借而且还主动投资。伍家山煤矿办起来后，共产党员邓致久任董事长，王兆南任管事，招收了远近100多名贫苦农民到煤矿做工。王兆南利用一切机会宣传党的方针政策，提高他们的觉悟，把他们团结在党的周围。中共广安地下党负责人杨玉枢、刘隆华、胡正兴等同志都曾来煤矿指导工作，召开党的秘密会议。伍家山煤矿成了地下党活动的主要据点。

在部队当兵时，王兆南练就了一手好枪法。当乡队副时，他没官架子，有些乡丁看不起他，王兆南二话不说，把乡丁们带到一个四合院，举枪对准60步外的朝门上拇指大的小孔，连射十发，弹弹穿孔。几十个乡丁见他出枪快，打得准，被惊得目瞪口呆，从此佩服得五体投地。

煤矿的工人多了，而且绝大多数是地下党的外围积极分子。王兆南与邓致久商量，训练一部分矿工，以护矿为掩护，建立一支小型武装。邓致久和党组织同意了。1948年3月，他们组织起一支10人的工人护矿队。练习枪法时，王兆南在靶子上画上三座大山。有人问他："打靶是打敌人，打坏蛋，你怎么画山？"王兆南告诉大家："毛主席说过，压在中国人民头上有三座大山，一座是帝国主义，一座是封建主义，再一座就是官僚资本主义。共产党带领穷人干革命，就是要推翻这三座大山。"在教矿工练枪时，王兆南教得仔细，矿工们学得也快，用很短时间就基本掌握了射击要领。同时，王兆南还训练如何夜间行军，怎样传达口令等军事常识。

伍家山煤矿工人练枪习武，引起了国民党特务的注意。县警察中队长欧办蛮带着50多个士兵住在离伍家山不远的小井沟，磨刀霍霍，欲对伍家山煤矿兴师问罪。

有一天，欧办蛮带着队伍到了伍家山煤矿，左手叉腰，右手提枪，故意问："是哪个叫你们在这里练枪的？想造反吗？"

王兆南从工人中挤出来，手里也提着短枪，不紧不慢地说："欧队长息怒，领头的是我，煤矿管事王兆南！"

欧办蛮眼睛扫了一下王兆南，阴阳怪气地说："你胆子不小，谁让你领着他们在这里练枪？"

王兆南毫不示弱，往前一站，不屑地说："还要谁让，这大山上常有野物伤人，我们习武自卫，犯什么法？"

欧办蛮无言以对，便吼道："上头有令，不，不准你们搞这些！"

"那野物伤人，我们让它抓？"

欧办蛮听出王兆南话中有话，把枪一横："他妈的……与老子顶……顶！"

早有准备的王兆南也把枪一抬："姓欧的，我想你也知道我王某不是吃素的！"说着"砰"的一声，只见约70步远一棵松树上，"噗噗"两声，掉下来一只大斑鸠，欧办蛮吓得脸色苍白，边退边说："好，你小子等……等着！"说完，带着队伍一溜烟跑了……

1948年8月11日晚，王兆南率领煤矿的十几名武工队员参加了观阁起义。观阁起义是广安起义的一部分。代市为华蓥山游击纵队第五支队第一总队，由支队政委谈剑啸率领，由于8月10日中共代市特支书记丰炜光突然被捕，谈剑啸认为起义计划可能暴露了，提前于8月10日晚集合队伍，准备攻打代市镇，但由于秦华在执行任务时，连开两枪打镇长谢相勤时，子弹不响，谢相勤乘机逃脱，同时也暴露了目标，只好将集合的游击队员撤离代市镇，之后又因敌人追堵，无法实现与观阁起义队伍在打锣湾会师。观阁是五支队第二总队，由支队司令杨玉枢、陈伯纯、刘隆华等领导。邓致久为第二总队长，王兆南任大队长，陈尧楷是从大竹过来的，编在独立中队，陈尧楷任独立中队长，向杰栋带着潘炎、肖幼芳、蒋登银等，向杰栋任警卫队队长。

游击队在离观阁半里地的玉皇观停下，派王兆南带领部分游击队员在猪市梁子埋伏监视代市方向的敌人，邓致久带着郑维昭、郑修迪等到镇上与镇长金有亮联络。杨玉枢在观阁起义前与镇长金有亮约好，8月11日晚打开镇公所大门，游击队冲进镇公所，提取枪支弹药，哪知，郑修迪和邓致久等到金有亮处联络，久敲竟无反应，再看镇公所大门紧闭，知道金有亮有变，正准备撤退时，一个游击队员的枪走火。敌人听到枪声，立即向镇公所门口开枪，双方发生激战。杨玉枢得知这一情况后，他判断金有亮耍花招，设下了圈套，便命令游击队员做好战斗准备，并指挥起义队伍撤退。

第二天，起义队伍在小井沟上面的鱼塘凹进行了整编。由于提取观阁镇公所的武器失败，杨玉枢就动员没有枪的游击队员疏散隐蔽，剩下带枪的编为一个大队、一个独立中队和一个警卫队，由王兆南任大队长，陈尧楷任独立中队长，向杰栋任警卫队长，整编后的队伍向四方山进发。15日傍晚到达丁家山张家新院子。

杨玉枢命令就地休息，命令向杰栋、陈尧楷向两翼山冈放出岗哨。第二天早饭后，支队领导就到半山腰的树林里开会，研究队伍下一步往何处去以及临时发现的一些问题。上午10点多钟，蒋登银从山上换岗回来，刚走到院子右侧的屋角，就发现院子左侧的大路边下来一队穿黄马褂的警察，准备包围张家新院子。蒋登银立即开枪向敌人射击，敌人也开枪还击。大队长王兆南听到枪声立即带队从屋内冲出来，向敌人开枪射击。陈尧楷、向杰栋从左右两侧山上居高临下，朝敌人开枪。

"哒哒哒!"敌人的机枪封锁了游击队驻地后面的大路和开阔地。匍匐在路坎下的蒋马刀趁敌人机枪停止吼叫的间隙，甩出一颗手榴弹，"轰"的一声，敌人的机枪哑了，游击队高喊着"冲啊! 抓活的呀!"向敌人冲去。敌人遭到游击队的两面夹击，慌了手脚，被打死打伤多人。游击队士气大振，趁机反攻追击，迫使敌人退到了对面的山头上。

战斗中，杨玉枢和支队其他领导被乱兵冲散，与队伍失去了联系。

怎么办? 陈尧楷、王兆南、向杰栋聚在一起研究：部队往何处去? 这时，蒋登银说："这里离槽麻洞不远，不如到那里去。"向杰栋接着说："对对对，槽麻洞有我的佃户，先到那里填饱肚子再说。"天已经黑了，部队由蒋登银带路，向槽麻洞转移。当天晚上，部队到达槽麻洞，黎云洪见是向杰栋他们，赶紧叫家里煮了苞谷瓣稀饭，游击队员们饱饱地吃了一顿。第二天到草坝场山上去找，第三天又到邻水千丘塝去寻，仍未找到杨玉枢等领导人的下落。陈尧楷提出，将队伍拉到大竹山后区去活动。王兆南不同意，他认为应该在当地坚持斗争，另一方面也好多方面寻找杨玉枢。向杰栋同意带一部分队员到大竹去活动。

1948 年 9 月上旬，邓照明在重庆召开会议，成立广邻大山区党委和广邻大山区游击队，任命陈尧楷为广邻大山区党委书记，兼武装部队司令，徐永培为委员，王群为党委副书记。目的是扩大影响，减轻敌人对王璞领导的岳武合武装起义的压力。哪知国民党调派更多的军队，包括罗广文的编练军对大竹山区进行"清剿"。1948 年 9 月 7 日，王璞牺牲，起义转入低潮。坚持在山区的几支游击队陷入孤军作战的艰苦环境。为了坚持斗争，10 月初，向杰栋带着从广安到大竹的队员潘炎、张前明、付思平、郭兆银等又回到广安桂兴山上，与王兆南领导的游击队会合，坚持在广邻山区开展游击活动。

1949年2月，邓照明到香港会见上级领导人钱瑛后，回到重庆，传达了钱瑛关于当前形势的意见，成立了新的川东特委，肖泽宽为新的川东特委书记，邓照明任副书记。同时，钱瑛强调，不再搞大的武装起义。四川是蒋介石的后方，在解放军宣告南进的情况下，蒋介石妄图保存反动势力，策划"划江而治"的阴谋，以便卷土重来。川东地下党必须改变斗争策略，以小型游击队为主，保存有生力量，不能再牺牲革命者，要做好迎接解放的工作。于是，西山党委将游击队分为三个分队进行活动，以减小目标，但国民党又开始疯狂地镇压华蓥山区地下党的小型游击队。1949年2月底，蒋介石调派川鄂绥靖公署罗广文的15兵团两个师开进华蓥山区，限期"剿灭"中共地下武装。罗广文部分段清"剿华"蓥山，屠杀革命人民，给华蓥山区造成深重的灾难。

1949年5月，罗广文在"剿杀"了东山、中山两支中共地下武装后，调派726团进驻广安，在渠河以东靠近华蓥山一带，挨家挨户清查户口，控制流动人员。对登记过户口的成年男女，发给"身份证"，凡是无证件的人，一律要拘捕审问，还实行"连坐法"，把几户强编为一组，如果发现一个"奸党"，其他几户都要受株连。敌人得知参加过广安观阁起义的郭兆银是广兴乡人，勒令广兴乡的保长梁惠光，甲长张前明交出郭兆银，否则依法治罪。甲长张前明无法交人，被迫上吊自杀。梁惠光为了蒙骗敌人，称郭兆银已经自杀，让郭兆银的亲属痛哭流涕地吊孝。不久，敌人发现郭兆银还活着，竟借召开"清剿"大会，通知所有乡保长参加。在会上，师长雷鸣杀鸡儆猴，当场将保长梁惠光枪杀。在场的乡保长，一个个吓得面如土色……

敌人"清乡"时，华蓥山周围的大小路口遍布岗哨，过路行人都要盘查。广安桂兴场到观阁和天池有一条大路，敌人竟规定，以大路为界，大路两边的居民，不能互相走动。在山上发现形迹可疑的人，就立即鸣锣、敲梆，其他哨所立即响应。罗广文部听到梆声，即刻倾巢出动。

1949年6月的一个晚上，敌人在河东一带到处搜查，强迫桂花场的几百群众，打起火把到武工队队长向杰栋居住的向家寨附近搜查，闹了一个通宵，连游击队的影子都没见到。敌人见岗哨不起作用，又强迫住在山顶和山腰的农民全部搬到山下，以此割断游击队与群众的联系。最后，穷凶极恶的敌人强迫当地群众手牵手地走前面，为敌人"踩山"。乡、保丁随后，罗广文部军队则牵着警犬在后面督阵，对无法走过的棘丛和不能攀登的悬岩石洞，就用机枪密集扫射……

6月25日，广安西山游击队分队长向道合等，住在向杰明家，敌人知道后前往搜捕。他们没有抓住向道合，便逼向杰明说出向道合等人的下落，向杰明不说，敌人就将向杰明拉到桂花场杀害。

1949年5月中旬，罗广文部108师在大竹、邻水，对中共东山、中山游击队进行"清剿"后，又开到广安清剿中共西山游击队，参加"清剿"的还有省保安团、内二警、县自卫队、乡保丁等数十倍于游击队之敌，来势十分凶猛。这时，党委书记王群到重庆工作未回山，由胡正兴召集各分队负责人王兆南、粟绍波、向道合等在广兴乡高家堰开会，研究如何对付敌人的这次"清剿"。大家对形势任务作了具体的分析研究。总的精神仍是坚持斗争，不能转移到别的地方去。但在敌强我弱的情况下，应采取分队活动的办法，化整为零，便于隐蔽。会后，胡正兴到广安城里工作去了。向杰栋、向道合、蒋登银等在广兴山上住了一段时间，然后又回到桂兴山上，坚持斗争。白天与敌人周旋，晚上才找革命群众家搞点吃的，有时也藏在老百姓家里。王兆南在观阁山上，利用环境熟悉，煤矿山洞众多，与敌人周旋，这样，坚持了一个多月。

　　7月上旬，胡正兴派人前来传达中共川东特委的命令，要游击队迅速撤退，并告诉了撤往河西的联络地点和联络暗号。向杰栋与粟绍波、向道合研究决定，采取分批撤退下山的办法。向杰栋带领向道合的直属队先摸出一条撤退的路线来。但两次下山突围，都未成功。敌人封锁了下山的道路，最后他们减少人数，挑选了战斗能力强的粟绍波、向杰盛、张世铸、何长敏等，趁黑夜下山，走羊肠小道，绕过敌人的岗哨，终于突围成功。由内山庆林口到外山，再到大石场化成坝李本发（小学教师）家住了一个白天，晚上再到乔先瑞家住了几天，然后渡过渠河到石笋的东岳寨附近，与广安河西地下党负责人刘兆清、唐宇辉接上关系后，把过了河的几个游击队员粟绍波、何长敏等安排在堡垒户住了一个多星期。

　　这期间，河西地下党主要负责人谈剑啸和当地地下党员罗伯群来看望过一次。为了安全，地下党决定让向杰栋、粟绍波、何长敏换一个住地。原准备晚上走，但晚上下起了大雨，于是带路的农民说白天走。刚走出三里地，在一个小路转弯处，一抬头，看见对面走来三四个警察，距离仅150米左右，向杰栋对后面的说，沉住气，继续走，到那边转弯。可是带路的农民沉不住气，往后就跑。粟绍波、何长敏也跟着跑。向杰栋一看他们朝后跑了，敌人就向杰栋追过来，向杰栋一下跳进右边的一道土坎沟里卧倒，当敌人追过来，距向杰栋100米左右时，向杰栋掏出二十响手枪，向敌人打了一梭子弹，跳起来朝另一个方向跑了。敌人没追上向杰栋和粟绍波、何长敏等人，事后听说跑前面的两个敌人被打死了。

　　向杰栋一行到达乔先瑞家后，就叫向杰盛、张世铸两人迅速返回山上，与向道合等联系，让他们按第一批走过的路线马上撤离。

　　罗广文部对华蓥山的广安段"清剿"更加残酷，山上的形势也更加紧张。敌人三步一岗、五步一哨，把华蓥山区广安段团团围住，大有黑云压城城欲摧之势。情况紧急，组织决定向杰栋率领蒋登银等部分同志首批下山，转移河西。蒋登银明白，形势对武工队的活动十分不利，留在山上，随时都有被捕或牺牲的危险，但他为了给第二批下山的同志引路，坚决要求留下。蒋登银把向杰栋等同志送到岔路口时，天已经快亮了。

蒋登银根据敌人这几天的活动情况判断，天一亮，敌人又会挨家挨户搜查，为了同志们的安全和不连累乡亲们，便给向道合建议："队长，眼下情况复杂，不能再住这里了，赶快转移！"

向道合觉得有道理，立即将同志们带到后山隐蔽。果然，当天上午，100多气势汹汹的乡保丁突然包围了向杰明家。敌人没有见到游击队的影子，竟把向杰明全家抓到乡公所关押、拷打……

山上的风声越来越紧。一天夜里，蒋登银到一家"堡垒户"探听消息，堡垒户的门轻轻地开了，从里面伸出一个头来，见是蒋登银，惊讶地问："你们还没走啊？天一亮，敌人又要查户口了，正在搜捕你呢，快走吧！"

蒋登银见下山的同志还没有回音，敌人搜捕又很严，怕发生意外，他与向道合安顿好其他同志后对向道合说："我们转山吧。"

"不，两人一起目标大，太危险，分开走，万一有情况，好应付！"

蒋登银点点头，满是皱纹的脸，此刻变得更加苍老了，但两只警惕的眼睛仍炯炯有神，他决定先到邻水老皇寺避一避。

他凭着对地形熟悉和个人的机智，避开敌人一道道哨卡向深山里奔去。天快亮时，他来到老皇寺刘大嫂家侧边。刘大嫂男人死了，游击队在这一带开展工作时，蒋登银常在她家吃住，他俩建立了深厚的感情，他们正等着革命胜利后结婚呢！蒋登银走到刘家，正想敲门，屋里刘大嫂从墙上的窗口里已经看见他了，忙开了门让他进屋。休息了一会儿，蒋登银想到敌人正四处搜捕他，怕连累了刘大嫂，就要到屋后的山坡上去住。刘大嫂坚决不肯，说："怕什么，就住在我这里，等过了这阵子再下山吧！"

敌人围山、搜山活动越来越频繁，他实在不想连累乡亲，决定离开老皇寺，向山外转移。刘大嫂见他执意要走，含着眼泪送他到门口，把两个煮好的热鸡蛋递到他手里……

蒋登银机警地躲过敌人的哨卡，往山下走去。刚到观音乡分水岭，就被敌人的探子刘炳成发现，偷偷报告了敌人。

蒋登银刚转过山坳，就被几个匪军用枪拦住了。敌潘排长得意地笑道："蒋马刀，我们在此恭候多时了，请吧！"说完把手一挥，匪兵们一拥而上，蒋登银被捕了……

敌人把蒋登银押到观音乡进行了突击审讯，接着敌人又把他押到桂兴乡公所，一个姓刘的督导员亲自审问，想从他口中得到游击队的下落。被打得遍体鳞伤的蒋登银怒视着敌人说："要杀就杀，我蒋马刀从不贪生怕死！"

"听说你蒋马刀的大名很有些来头，当过兵，对吧？"刘督导故意岔开正题。

"呸！老子当兵那阵，你还没投胎！"蒋登银瞪着刘督导骂起来。

"老东西！共产党给了你什么好处，你这样不顾死活？你的同伙在哪儿？"刘督导被激怒了，终于露出了狰狞面目，吼叫起来。

"哈哈！"蒋登银一声冷笑，"共产党惹了你这些龟孙子，你们就要杀人吗？共产党给我的好处当然有，不过，我不想跟你们这些龟孙子说！"

"哼！老家伙，死到临头还嘴硬，不给你点颜色看看，你不会招。来人啦！"刘督导恼羞成怒，"给我拉下去用刑！"

敌人在蒋登银身上又是一阵皮鞭，打得蒋登银皮开肉绽，他仍骂不绝口。无可奈何的敌人又用扁担穿进蒋登银被反绑的双臂间狠命地撬，豆大的汗珠从蒋登银的额上渗了出来，他渐渐地闭上眼睛，终于昏倒在地。待他苏醒过来时，敌人已经在他旁边烧红了一把柴刀……

敌人狂叫着要他说出游击队的下落，他慢慢地抬起头，两眼射出愤怒的火光说："不晓得！"凶残的敌人举起烧红的柴刀，朝蒋登银的脚后跟凶狠地砍去，蒋登银惨叫一声，再次昏死了过去……

第二天，敌人抬着满身血污的蒋登银在桂兴游街示众。蒋登银羸弱的声音向街头的群众演说："国民党要垮台了！共产党就要打过来了！乡亲们，不要怕，我不是坏人，我是为了打倒国民党……"敌人用游街示众来侮辱他，结果适得其反。他是敌"清剿"的"要犯"，敌人又将他押送到大竹国民党"剿共"指挥所听候处置。

1949年七月初二早上，在"打倒国民党！"的口号声中，蒋登银英勇就义，牺牲时48岁。

向道合，1920年出生于广安县桂兴乡一个贫苦农民家庭。1948年，在共产党员向杰栋的引导下，走上革命道路。8月12日，他与向杰栋一起参加了广安观阁起义。起义失利后，他曾多次掩护、接送游击队领导人，并与向杰栋的妻子王清兰一道冒着风险，为山上的游击队送钱、送粮、送枪弹。

1949年2月，向道合与王清兰一同回到游击队，任广安西山游击队直属分队队长，战斗在广安桂兴、大良、得胜乡一带。1949年3月，向道合、王清兰在游击队加入了中国共产党。敌人为了动摇他的革命意志，曾几次抓捕、毒打他的父亲、妻子，但他毫不动摇，仍在山上坚持斗争。同年6月，敌人疯狂在华蓥山麓广安桂兴、观阁、广兴、大良一带进行梳篦"清剿"共产党游击队时，奉中共川东特委指示，游击队撤离桂兴到敌人力量较为薄弱的渠河以西隐蔽。第一批由向杰栋带领，顺利下山，转移到河西。第二批由向道合率领，由于久等未见第一批派人来接，被敌人发现。这时，联络点又遭到破坏，他当机立断，将队伍化整为零，分散转移。他与蒋登银等分手后，于6月27日夜，借着月色摸到得胜乡化成坝时，被敌人包围，在突围中不幸中弹，壮烈牺牲，时年28岁。

1949年2月，张蜀俊决定将在邻水西区及华蓥山天池一带活动的游击队分散转移，张蜀俊经长邻工委协助安排，他和王普全带着部分队员转移到长寿活动，袁念之带着另一部分队员在邻水龙安场隐蔽，但因劫车事件，引起了当地反动分子的注意。他们暴露了，敌人加强了对邻水沿华蓥山几个乡镇的清查，往哪儿去呢？他联络原有的游击队员重上华蓥山。回到华蓥山后与邻水西区中共党员林大寿取得了联系。林大寿便将袁念之引荐给广邻武工队的胡正兴（西山党委委员）见面。一见面彼此才知道是老熟人（袁在水产校读书时认识胡），于是两支队伍合在一起共同战斗。

袁念之率领的武工队编入王兆南分队，王兆南是分队队长，袁念之去后任指导员，兼广兴党支部书记。袁念之和他的战友们又辗转于高山密林中与敌人周旋。

1949年5月，罗广文部726团杀气腾腾地开到广邻山区，驻扎在沿山的邻水罗锅铺和广安的代市镇，对沿华蓥山的乡镇进行残酷的"清剿"，形势异常险恶。敌强我弱，王兆南、袁念之只好率领队员在深山老林中与敌人绕圈子，避开了一次又一次的"清剿"。到6月中旬，形势更加恶化，武工队队长向杰栋、粟绍波等奉中共川东特委卢光特的命令，撤离了华蓥山。王兆南、袁念之等来不及撤走，仍困在山上坚持苦斗。

6月21日上午，罗广文部驻广安代市镇的突击营二连在孙营长的指挥下，带着几百名乡保丁驱赶着几百个老百姓到伍家山、叶家山、肖家山等处搜索"踩山"。这次由叛徒周绍文带路。周绍文是王兆南的通讯员，为了到山腰一户人家去弄点吃的，被敌人抓住，经受不住酷刑拷打，叛变了革命。他知道游击队的各个藏身之处。

这天上午，袁念之、谢之登、贺天绪、游二毛等4人隐蔽在肖家山铁矿洞中。由于山上哨卡林立，他们都在夜晚活动。昨夜通宵行军来到此洞，大家都很疲倦，先后进入了梦乡。加上林涛蝉鸣之声干扰了他们的听觉，敌人搜索到洞口了，他们竟毫无察觉。敌人控制了洞口周围的山头，一连匪军端着枪从山顶压下来。袁念之警觉洞外似乎有人行动,立即叫醒大家准备战斗……

"砰!"肖家山上空响起了枪声。

"洞里的土共,你们被包围了,出来投降吧!"洞外山头上的敌人狂叫着。

"我引开敌人,指导员,你带他们突围!"谢之登不等袁念之回答,便一个箭步冲到洞口边的丛林里向敌人射击。指导员袁念之把贺天绪、游二毛往洞外一推,命令他们"快跑"!

贺天绪、游二毛迅速往右侧的松树林跑去,不幸被弹雨击中,受伤倒地。袁念之回头掩护谢之登,突然被敌弹击中头部,鲜血像喷泉一样往外涌。谢之登蹦过去,扶起袁念之,心里像刀绞一般:"指导员,指导员!……"

"抓活的呀!别让土共跑了!抓住一个,赏大洋5块!"敌人越逼越近,叫喊着往下冲。

谢之登满腔怒火,瞄准冲在前面的敌人开枪,敌人应声栽了下去。后面的敌人见又遇到抵抗,立即像狗一样趴在地上,不敢再冲,子弹却像飞蝗般朝洞口扫来……

谢之登撕下自己的衬衫给战友包扎。敌人见洞里没有了枪声,知道游击队的子弹打光了,又在洞外狂叫着:"土共,快投降吧,你们没子弹打了!"敌人紧缩包围圈,有的占领了洞口两侧高地。此时,指导员袁念之艰难地睁开了眼睛,痛苦地叫唤着:"快,快给我……枪!"同时指着自己的脑门。谢之登望着受伤的战友,悲愤万分,恳切地说:"不!要活一块儿活!死,就死在一起!"这时,袁念之抓住手枪,把枪管伸进嘴里,"砰"的一声,饮弹牺牲了。

谢之登从血泊中抱住战友,生死早已置之度外,心里只有一个信念:

不让敌人抓活的！接着放下袁念之的遗体，毅然朝自己举起了手枪……

谢之登牺牲了，时年仅 21 岁。

贺天绪和游二毛受了重伤，敌人用楼梯将二人抬到观阁镇时，贺天绪已经奄奄一息，满身血污，脸色蜡黄，呼吸微弱，就是熟人也认不出他了，但等他刚刚苏醒过来，敌人就对他进行严酷的审讯，一个匪军官手里拿着皮鞭，摇晃着吼道："说！哪些是你的同党？他们跑到哪儿去了？"

"不晓得，晓得也不会告诉你们！"敌人狂叫着，皮鞭雨点般地打在他的身上，贺天绪始终没吭声。

敌人把他带到观阁场附近的大地坝里，指着一个被捆绑的人说："你认识这个人吗？"贺天绪艰难地睁开眼睛，一看是代市党支部王定远，便摇头答道："认不倒！"敌人又问："代市的王定远你认识吗？"他停了一下说："王定远我认识，他已经离开广安到重庆去了，这个人不是他。"这样，王定远获得了释放。

敌人对贺天绪用尽了手段，但没捞到一点有用的信息。敌人又把他和其他几个被捕的同志一起押往柑子铺敌"清剿"指挥部。6 月 25 日，贺天绪、游二毛等被敌人押到一个小河边集体屠杀了……

1949 年 5 月，华蓥山上阴云密布，观阁镇上阴森森的，自从罗广文部的 726 团开进观阁镇，对中共游击队进行"清剿"，镇长金有亮像是有了靠山，趾高气扬，与罗广文部紧密配合，要置游击队于死地，各条路口哨卡密布。一个乡丁在街上敲一阵破锣，又扯起嗓子吼道："金镇长命令，从即日起，凡发现共党王兆南立即禀报的赏大洋 100，抓住活的赏黄谷 10 石、公田 50 挑！要是知情不报，一经查获，以通匪论处！……"

敌人抓不到王兆南，就把王兆南已有 6 个月身孕的妻子苏万珍抓到乡公所逼问王兆南的下落。他们把苏万珍吊起来毒打、审问。苏万珍宁死不屈。镇长金有亮和镇队副金中宝扬言，三日内不交出王兆南，就把全保杀个鸡犬不留。

敌人每天逼着群众去山上踩山。王兆南带领的武工队有 10 多人，人多目标大，容易暴露，王兆南便将武工队分成 4 人一组，分散隐蔽，在分组活动前，他对游击队员语重心长地说："同志们，敌人在疯狂地'围剿'我们，为了大家的安全，我们暂时将队伍化整为零，困难和危险随时都有可能发生。但是，你们要记住：我们是党领导的为人民求解放的队伍，就是被敌人捉住，也不能出卖组织，背叛人民，出卖同志……"

6 月 16 日晚，通讯员周绍文对王兆南说，下面山坳里张老幺家还未搬下山，去那里弄点吃的。王兆南看着面黄肌瘦的队员，同意了，并派人保护。饥饿不堪的周绍文迅速来到张老幺的住处，弄回来一些煮苞谷条子。第二天天刚黑，周绍文又提出去张老幺那里弄煮苞谷条子。王兆南告诉周绍文："今天的情况紧张，敌人搜捕更加严密，可能封锁了那里。"周绍文说："不会吧，那里不会有人知道。"

沉默了许久，王兆南交待说，千万提高警惕，如果有异常动静，要注意不要暴露。周绍文去后，王兆南放心不下，亲自前去接应。周绍文摸到张老幺门口，没有发现特别的地方，便敲了两下门，里面马上应了，开了门。周绍文闪身进屋，锅里正煮着一锅苞谷条子。周绍文刚伸手去拿苞谷，突然，张老幺抱住了他，紧接着几个埋伏在张老幺家里的特务，猛扑上来，周绍文被捕了。

周绍文被捕后，敌人当晚轮番对他进行审讯，周绍文经受不住酷刑的考验叛变了。周绍文当然知道游击队隐藏的地方和活动规律。袁昌遂、谢之登、贺天绪、游二毛住的地方暴露了。6 月 21 日，袁念之、谢之登在铁矿洞战斗中壮烈牺牲，贺天绪、游二毛受重伤被俘，武工队只剩下王兆南一个人了，他咬紧牙，忍受着巨大的悲痛，仍坚持战斗……

1949 年 6 月 23 日，敌人出动了 1000 余人，包围了观阁月亭庵一带。

天刚亮，敌人步步为营，层层包围，紧缩包围圈，最后压缩到月亭庵后面漾水凼的一个岩壳里。敌人发现了王兆南藏身的溶洞，一面朝里打枪，一面哇哇地喊话，逼近洞口……

藏在洞里的王兆南身上多处负伤，他艰难地抬起头，发现扑上来的敌人，他揭开手榴弹盖，拉响导火索，掷向敌群，嚣张的敌人顿时乱作一团，趴在丛林里不敢动。敌突击连连长见手榴弹炸伤了几个士兵，把帽子一甩，命令匪兵押着苏万珍走在前面，一步一步逼近溶洞口。王兆南看清了妻子苏万珍的身影，他看到狡猾的敌人总藏在苏万珍身后，并且子弹已经打光了，枪膛里只剩下两发子弹。此时，他知道自己已经无法脱身了，他改变了主意，对准自己的头，扣动了扳机。随着一声沉闷的枪声，王兆南英勇牺牲了……时年46岁。

山在呜咽，地在震动，英雄的华蓥山带走了中共华蓥山游击队的最后一位英雄……

敌人的保甲连坐法极为毒辣。他们抓不到武工队员，就对人民群众滥施暴力，甚至公开枪杀。敌军突击营在大竹八渡乡"搜剿"时，抓不到游击队领导王代甲，就将王世民、周在荣、王世贵、王海尔、汪四尔和张芝花一齐抓来。敌人欺骗他们说："王代甲如果下山，保证不杀这些人，不然还要杀更多的人。"王代甲为了挽救群众，挺身而出。1949年6月29日，王代甲带着两个儿子下山了，被关押的群众释放了，但王代甲和他的儿子王启照、王启烈，被敌人残酷杀害了……

邻水敌726团二营，在八耳、合丰、香炉山、千丘塝大肆屠杀群众，一次就杀害无辜百姓达17人之多。为了捉拿游击队中队长朱汉金，敌人诱捕了朱汉金的亲友10多人，威胁他们交出朱汉金，否则要把千丘塝的群众斩尽杀绝。7月7日，朱汉金和彭德明为了保全群众，走出山洞，落入虎口。在狱中，朱汉金无所畏惧，坚贞不屈。敌人把余华民、余春之视为游击队领导，押出去枪杀时，朱汉金挺身而出，表明了自己的身份。他俩获救了，朱汉金却被敌人押往大竹杀害了……

　　在"清乡"时，林大寿、罗永尧准备从垫江转移到重庆。当行至邻水母猪滩时，被敌人发现。他俩在共产党员李明玉的掩护下，摆脱了敌人的追捕。后来，林大寿装扮成国民党 241 师的募兵排长，带范孟盖等人转移到龙女乡吴康健家时，又被乡丁发觉。林大寿为了掩护其他人脱险，自己则落入敌手，受到严刑拷打。敌人问他："你的上级是谁?"林大寿笑着说："毛泽东!"敌人又问他联系哪些人？林大寿回答："全中国的老百姓!"敌人恼羞成怒，于 7 月 25 日将林大寿杀害……

31

革命群众的支持

在敌人残酷"清剿"下，游击队仍然能坚持斗争，靠的是广大群众的大力支持和掩护。

1948年秋，广安观阁起义失败后，游击队员龙天汉、肖幼芳等10余人，经王清兰、向道合等护送转移到河西广安协兴乡，这是邓小平同志的故乡。当时，邓小平的家里只有继母夏伯根，妹妹邓先福和邓先容3人。邓先福知道游击队的情况后，告诉了母亲。邓母冒着生命危险，将游击队员引到家中，她每天帮游击队员煮饭、洗衣，隐藏掩护游击队员1个多月。后来，游击队员要转移到大兴乡，邓先福又托可靠的人给游击队带路，把枪支弹药藏在稻草捆里，队员们闯过道道哨卡，顺利地到达目的地……

广安聂丕承是省参议员，早年留学日本，晚年回乡，抗战时期加入了民主同盟。他一直同情和支持共产党的地下组织，两个儿子聂士毅和聂士悫都是中共党员。1948年，华蓥山起义前，王璞、邓照明等到广安，都在他家食宿。广安代市、观阁起义后，国民党特务抓捕了杨玉枢的妻子龙文凤（中共党员），逼她交出杨玉枢。聂丕承不怕担风险，挺身而出，将龙文凤保释出狱。1949 年 7 月，广安城厢青年特支书记程忠瑛等 7 名共产党员，被国民党广安特委会秘书廖俊义逮捕。聂丕承和张平江商量，利用重庆特务与本地特务的矛盾，进行分化，加上程忠瑛等在狱中坚持斗争，临解放时，终于全部获释。聂士毅利用担任广安石桥仓库主任的职务，卖掉粮谷 800 石，做党的活动经费。后来，谈剑啸、胡正兴等人转移到外地，聂丕承又为他们提供路费，最后连金戒指都送给他们，充作活动费用。

1948 年 8 月，广安代市观阁起义后，向杰栋、王兆南领导的游击队，在桂兴、观阁、广安、大竹、邻水一带活动，向杰栋的妻子王清兰主动担当起交通员和后勤补给工作。她利用王家和向家都是当地大绅粮的优势，倾全力将自己的嫁妆和山场树竹、田产等变卖，购买枪支弹药及生活物资，源源不断地送到游击队的手里。

1948 年 12 月，王清兰把家里的东西都卖光了，连她娘家陪嫁的金膀圈、金戒指等都统统卖掉了，但仍不够游击队开支，她只好卖田地。向杰栋父亲留给他有 2000 挑谷的田产，但管业证还掌握在大嫂谌殷坤手里。谌殷坤是广邻渠垫四县联防办事处主任谌克纯的亲妹妹。谌殷坤依仗哥哥的势力，又见向杰栋参加起义，正在被国民党追捕，生死难卜，就想独吞这份产业。要卖田和山场，就得把管业证拿过来，为了革命的需要，王清兰和谌殷坤展开了一场激烈的斗争。

一天上午，王清兰到谌殷坤的碉楼外面，喊她下楼来，有事商量。叫了很久，谌殷坤才下到二层楼口，有气无力地问王清兰有什么事。王清兰说："请你把老人分给向杰栋那份产业的管业证给我。"谌殷坤十分傲慢地说："管业证是父亲生前交给我管的，不得给你。"王清兰说："你只能管你那份田产的管业证，向杰栋那份应该交给我。"谌殷坤说："即使交出来，也只能交给向杰栋。"她明知向杰栋在游击队里，国民党正悬赏捉拿他，不能露面，才提出这个难题。王清兰很气愤，但谌殷坤又不下楼来，真拿她没办法。王清兰便用"激将法"说："嫂子，你没有理由，所以不敢下来当着大家面说。你下来，只要说得有理，我就认输，这管业证我就不要了。"这一招果然有效，谌殷坤下楼来和王清兰一同到向家坝的老院子。周围左邻右舍都跑来看热闹。王清兰当众质问谌殷坤："父亲留下的产业，该兄弟平分还是一人独占？"谌殷坤默不作声。王清兰又问："分给向杰栋的管业证，该他嫂子管还是该他妻子管？"谌殷坤仍坚持管业证只能交给向杰栋。王清兰一针见血地揭穿她想霸占向杰栋家的财产，她不承认，又哭又闹。族人和乡亲都劝她把管业证拿出来。她理屈词穷，才不得不把管业证拿给王清兰。

王清兰有了管业证，就将大石场街边的 200 多挑谷田卖掉，所得的 400 多块银圆和几十亿元法币以及 200 石黄谷，买了 7 支手枪、100 多夹子弹、十几颗地瓜手榴弹，叫张培兴、郭兆银、向道合等秘密送到游击队手里。

一天，游击队员龙天汉来到向杰栋家找到王清兰，说刘光荣（共产党员），在代市打鼓山等她。王清兰和龙天汉立即前往。刘光荣提出他们需要活动经费，叫王清兰想办法。王清兰虽然答应了，但手上并没有钱。回到桂兴后，将向家在陈家湾上的竹麻（造纸原料）卖了 100 多万斤，除留小部分给山上的游击队买粮买盐巴外，其余都交给陈运华转交给了刘光荣。

后来，游击队急需轻便、精良的武器，任务又交给王清兰。王清兰想来想去，没有什么可以卖了。就请来木工，把向家曹麻洞山上的大树、柏树、松树、杉树加工成房柱、椇子、檀子运到代市去卖，用钱买了 5 支二十响手枪和几百发子弹，及时送到游击队手里。又一次，游击队带信来，要机枪、冲锋枪。这些武器不好运。王清兰就把它藏在立柜里，借口搬家，叫掩护在王清兰家的长工张培兴、郭兆银、向道合等，用箩筐装上腊肉、香肠、皮蛋、米花糖、糯米粑、狮子糕等，让郭兆银等用滑竿抬着王清兰，后面跟着一大串"家丁"和"挑夫"，大摇大摆地向桂兴去。到了桂兴，趁天黑，立即将这些武器送到游击队手里⋯⋯

四县联防办主任谌克纯，多次对王清兰的父亲王克成说："你女婿向杰栋吃不完，穿不尽，何苦要到山上去自讨苦吃哟？王清兰如果不和向杰栋割断联系，休怪我手下无情！"王清兰的父亲把这些警告告诉王清兰，她只一笑置之。她做交通员时，上级派王群从重庆来广邻山区找向杰栋。王群和向杰栋在育才时是同学，先到王清兰家打听向杰栋的情况。王清兰便亲自送王群到曹麻洞，找到了向杰栋。不久，徐相应从邻水山上来广安找王兆南联系工作。王清兰知道徐相应在大竹很有名，敌人正在通缉他。他到了代市王清兰家，为了安全，王清兰把她母亲的卧房腾出来，把徐相应安排到她母亲房间住，她把山上的情况弄清了，才找了一个人带路，到观阁山上一个煤窑与王兆南接上了头。

过去，王清兰是个十足的"王二小姐""五少娘子"，从没有走过山路，摸过黑路。自从广安武装起义到同年12月底的100多个日日夜夜，王清兰和向道合接受任务，当向杰栋的交通员后，不管道路崎岖，不畏酷暑，不怕坐牢杀头的危险，来往在代市、桂兴的丛山峻岭之中，为游击队传递信息，输送枪支，补给物资，尽到了一个交通员应尽的职责。

1949年1月，向杰栋的四哥和何克宽得到可靠情报，从桂兴街上气喘吁吁地来到王清兰家，一见面就说："清兰，快跑，敌人抓你来了，你和向道合赶快跑！"王清兰、向道合和住在王家的另一个交通员贺天绪立即摸黑向广兴的高家堰奔去，结束了"交通员"的工作，参加了游击队。

1948年9月，岳池地下党员陈永福被捕叛变后，领着重庆内二警副总队长麦征甫等几十名特务，去南充溪口镇抓捕第九工委书记朱光壁。乡长邓灵轩（中共党员）闻讯后，派人紧急通知朱光壁转移。敌人扑了空，便抓住邓乡长问罪，要他交人。邓灵轩表示不知道，敌人便将他押往岳池。邓灵轩的儿子邓安政眼见情况危急，马上带领乡自卫队，拆毁了岳池通往南充的一座公路桥。敌人卡车无法通行，麦征甫命令司机掉头，驶回岳池。邓安政又带领乡自卫队埋伏在公路两边高地，开枪射击，麦征甫见势不妙，只好将邓安政的父亲邓灵轩放了……

1949年4月，陈尧楷带领6名游击队员到邻水护邻乡张碧华家，突然被敌人包围。张碧华急中生智，跑到大门口，与正在砸门的敌人大吵大闹，喊强盗背着枪抢人啰，缠住敌人，争取了时间，使陈尧楷等游击队员从后门安全脱险。敌人没有抓住陈尧楷，才知道中计了，便将张碧华抓到张家场枪杀。临刑时，她大义凛然，对敌人破口大骂，扭住刽子手撕打，直到敌人开枪，她英勇地倒在了血泊里……

32

保存有生力量，地下党迎接解放

　　1949 年 1 月，随着"辽沈""淮海""平津"三大战役的结束，国民党反动派的主力军已经消耗殆尽。蒋介石发表元旦声明，企图在美帝国主义的支持下，策划"划江而治"的阴谋，企图以"和平"的名义维持其法西斯统治。1 月 8 日，中共中央政治局会议通过了《目前的形势和党在 1949 年的任务》的决议，重申中国共产党将革命进行到底的决心，提出了向全国大进军的计划。14 日，毛泽东发表时局声明，批驳蒋介石的元旦求和声明，提出以彻底消灭反动势力为基础的八项和谈条件。21 日，蒋介石被迫宣布"引退"，李宗仁代理南京政府总统，同意以中共提出的条件为和谈基础。时间限定在 4 月 20 日。此时，全国的中共党员已发展到 440 多万人，中国人民解放军总兵力已突破 550 万人。4 月 20 日，南京政府拒绝在《国内和平（最后修正案）》上签字。4 月 21 日，毛泽东、朱德发布向全国进军的命令：第一野战军和华北野

战军一部进军西北；第二野战军和华北野战军一部进军西南；第三野战军
进军东北；第四野战军进军中南。从 20 日子夜起，第二、三野战军百万雄
师，发起了强渡长江天堑作战。23 日，人民解放军占领南京，宣告国民党
反动统治的覆灭已无法挽回。但是，蒋介石集团并不甘心失败，还要做垂
死的挣扎。蒋介石还想将抗日战争时期的陪都——重庆再建为国民党的统
治中心，巩固四川、西康、云南、贵州的统治，割据西南，以待国际事变，
卷土重来。为了阻止解放大军进西南，在川、鄂、湘、黔设立绥靖公署，
任命宋希濂任主任，归西南军政长官公署建制，下辖钟彬第十四兵团三个
军，陈克非第二十兵团两个军，加上地区保安团武装，有 15 万人之众，阻
拒人民解放军由川东一线入川；增设川陕边绥靖公署，由胡宗南任主任，
阻止解放大军由大巴山的川陕边区入川。同时成立川黔边绥靖指挥部，并
拨给步枪数千支，机枪数十挺，子弹 500 箱，以加强地方反动势力，委任四
川第八行政督察专员庹贡庭兼任指挥官，贵州松桃反动头子欧百川为副指
挥官，招兵买马，配合宋希濂，阻止人民解放军从川东南入川。

1949 年 8 月 26 日，蒋介石从溪口飞到重庆，召集蒋经国、张群、钱大
钧等国民党要员，布置西南反共事宜。特务头子徐远举作敌情报告，胡宗
南的参谋长沈策作西南情况报告。他们认为川东南地形复杂，交通不便，
不利于大兵团运动作战，加上宋希濂集团军 15 万人据守，川东一线可谓固
若金汤；川北有川陕公路与陇海铁路接近，大部队行动较为方便，因此，
判断人民解放军决不会舍近求远，迂回川东南，从酉秀黔彭入川。蒋介石
对此分析深信不疑，于是急令罗广文停止万源、城口之行，向川陕的纵深
平武、青川一带集结。罗广文部还未达目标，川东宋希濂防线又紧张起来，
蒋又急令罗部赶回重庆，扼守南川以东的白马山一线，配合宋希濂巩固白
马山防线，凭借乌江天险，阻止人民解放军向重庆推进……

华蓥山作为蒋介石想建都的重庆后院，蒋介石不惜"错杀一千"，也要

将中共地下武装"清剿"干净。

钱瑛根据变化了的形势，给中共川东特委提出：重新清理地下组织，尤其是城市里的党组织，积极行动起来，监视敌人的动向，发动群众保护好工厂、学校及城市，做好迎接解放的准备，配合解放军进行接管地方的工作。同时，将暴露了的地下党的干部撤到香港去做迎接解放的培训，解放军入川时，做好向导。钱瑛于1949年5月下旬将中共川东特委书记肖泽宽和副书记邓照明等撤到香港，中共川东特委另安排卢光特做临时负责人，通知在华蓥山坚持武装斗争的游击队撤离下山，以避免更大的牺牲。

参加广安观阁起义的刘隆华，在丁家山战斗后，与游击队失掉联系，后经地下党掩护脱险后回到重庆。1949年春，党组织安排她去南川任县委书记。之后，胡正兴也从广安撤到南川，担任区委书记。他们根据华蓥山游击队的经验教训，更加谨慎地发展党员，以秘密武装为后盾，发动农民向地主"借粮"。经常了解敌情，最后掌握了文凤等5个乡的武装，成为川南的重要据点，一直坚持到解放。

领导广安代市起义的谈剑啸，起义失败后，冒着危险转移到渠河以西的广渠营边境坚持斗争近一年之久，1949年9月撤到重庆，中共川东特委负责人卢光特安排他到万县中心县委任委员，分管奉节县的工作。到任后，他派共产党员吴耕历去做奉节县自卫总队副队长车运生的策反工作；又派从岳池撤去奉节的周朗之、蔡旭东利用同乡关系，做县长屈敬修的工作，促使二人逐步看清了形势，解放军到奉节时，屈敬修、车运生率县府官员和自卫总队官兵同时起义。谈剑啸还和万县中心县委书记杨建成研究，派共产党员孙明义去做停泊在万县港口的国民党"同心号"军舰的策反工作。孙明义与该舰电报员唐志隆有亲戚关系，通过唐志隆去做舰长和舰上官兵的工作，最后舰长江涂山也同意起义。12月7日，"同心号"军舰由万县下驶云阳，宣布起义，投向了解放军。

1949年初，邓照明把从渠县龙潭起义撤出来的干部范硕墨派到他老家忠县开展工作。范硕墨很快同当地群众结合起来，打开了局面。接着中共川东特委将参加过华蓥山武装起义的10多名干部派去，建立了新的忠县县委。范硕墨任书记，罗永晔任副书记，熊曙东、戴国惠（女）、宋廉嗣（女）为委员。忠县成为川东党组织被破坏后重新建立起来的重要地区，一直坚持到解放。

熊杨参加龙潭起义后，中共川东特委派他到成都建立特支，同时安置转移到成都的地下党干部。后来，他与同在成都的江伯言、贾子群等对川军邓锡侯、潘文华和成都市市长冷寅东进行策反，并远赴雅安，同杨正南等一道，做刘文辉的工作。在几条线、多方做工作的情况下，刘文辉、邓锡侯等在解放军进入成都前宣布起义，对成都的和平解放做出了贡献……

共产党员康电，参加渠县龙潭起义后，转移到广安继续战斗。解放前夕，国民党特务郝崇斌在广安县府召开"应变"会议，准备组织"救国军"。康电同本地共产党员熊开茂、杨麟游、张正宣等秘密写信，警告广安民众自卫队总队长陈乾三，不要抗拒解放。通过进步人士聂丕承、张平江（女）等，宣传"保护乡梓，人人有责"，使郝崇斌破坏广安的阴谋未能得逞。张正宣以广安民声日报社长身份为掩护，临解放时在重庆见到广安警察局督察长李朝钺，打听到李朝钺要从重庆西南长官公署行辕二处特务那里运来一批武器，由水路用木船运回广安，准备上山作负隅顽抗。张正宣立即赶回广安，向刚入城的解放军报告。解放军立即派部队在罗渡截获了两船满载准备用来搞暴动的枪械……

1949年5月23日，中共中央军委发布向西南进军的命令，要求第二野战军以全军向西进军，经营川、黔、康；由贺龙率一野一部即18兵团经营川北，两军的任务是合围川、滇、黔、康四省，发起西南战役。"5·23"命令指出："胡宗南全军正向四川撤退……而欲消灭胡军及川、康之敌，非从南面进军，断其后路不可。"对此，9月12日中央军委再次强调："我对白崇禧及西南各敌均应取大迂回运作，插至敌后，先完成包围，然后再回打之方针。"

刘邓大军遵循中央指示，准备两个月后，主力或全军向西进军。主力于9月取道湘西、鄂西、黔北入川，10月到达，12月占领重庆的作战方案，避开胡宗南、宋希濂的正面防守，进行远距离大迂回、大包围，断敌逃路，各个歼灭西南之敌的方针。10月初，一野18兵团西进突破陕川北部防线，二野三兵团一个军从皖南出发，经武汉、宜昌，出咸丰，进彭水；五兵团和第三兵团第十军从江西移兵湖南邵东，迂回入黔，解放贵阳、遵义，由黔北插入川南宜宾、泸州，切断敌人向云南的逃路。二野指挥机关则随三兵团主力由湘南入川。

10月中旬，李宗仁率国民党机关人员飞抵重庆，拟建重庆为都，实现割据西南的计划。由于人民解放军迅速向湘西、鄂西运动，李宗仁见势不妙，即做出逃准备。

11月1日，二野三兵团主力和四野47军组成左集团军，迂回到宋希濂右侧，与四野50军、42军，会歼宋希濂集团军。人民解放军从北起巴东、南至天柱的湘鄂川黔约千里的地段，向敌发起多路进攻。宋希濂慌忙将其主力从湖南恩施南移，企图在四川酉阳的两河口，龚滩和黔江、彭水一线布防，以乌江天险和隘口与人民解放军对峙，我军以迅雷不及掩耳之势，攻下酉阳、秀山，占领彭水、黔江等地。而蒋介石于11月14日从溪口直飞重庆，亲自指挥，见宋希濂部南移，在重庆大发雷霆，要临阵枪毙宋希濂，经蒋介石手下劝解，蒋介石改为派蒋经国带黄金、辎重前去慰问。望其继续为蒋家王朝充当炮灰。然而，败军之势，已不可阻挡。人民解放军以雷霆之势进入川东南，直逼重庆，宋希濂集团军所属钟彬的十四兵团、陈克非的第二十兵团，以及罗广文的101军，望风而逃，人民解放军紧追不舍，沿途解放县市，我军势不可挡。刘邓首长入川后，即向川、黔、滇、康四省国民党军政人员提出四项忠告，号召他们停止抵抗，停止破坏，停止作恶，维持好社会秩序，保护好财产、档案，听候接收；敦促国民党军政人员战场起义。同时接见了中共地下党酉阳、秀山、黔江、彭水、武隆、南川等地负责人，了解当地情况，很快建立起酉阳专区，配合六县的接管、征粮、剿匪等项工作。

按照中共中央军委的统一部署，进军西南参战部队之多，战场之广，包围圈之大，实属罕见。参战的部队来自三个野战军近 20 个军。各部在规定的时间，沿着规定的路线，到达规定的战略位置，如贵阳、遵义、毕节、叙永、泸县、宜宾等地，抢先关闭了国民党军由川入滇的所有道路，从而为在川西将国民党最后的残兵败将全歼打下了可靠的基础。

野战军在进军过程中，得到了各地游击武装的协同配合，如通报敌情，为清除反动势力、补给物资、建立政权等做出了一定的贡献。川东地下党在重庆及华蓥山各县组织护厂、护校，保护国家财产，同国民党军警宪特进行了英勇的斗争……

1949 年 7 月，川东地下党负责人肖泽宽、邓照明、李家庆、江伯言等，赴香港学习后，随第二野战军三兵团从湖南向西南进军，在常德时，党组织宣布了中共重庆市委、中共川东区党委的机构成员，他们被分配到中共重庆市委。12 月 4 日，肖泽宽等回到重庆，与留在重庆和川东坚持斗争的同志重逢，实现了南下干部与地下党的胜利会师。1949 年 12 月，上川东、华蓥山地区各县终于迎来了翻身解放……

然而，就在重庆解放前夕的 11 月 27 日，因华蓥山武装起义被捕关押在重庆渣滓洞和白公馆的 300 多名党员干部，被敌人用机枪和冲锋枪集体枪杀在歌乐山下的中美合作所集中营，"11·27"惨案，烈士的鲜血流淌在英雄的大地上……

华鏊山起义前夕，敌人利用叛徒提供的名单，开始在川东各地疯狂地抓人。起义后，敌军、警、宪、特一齐出动，在广安、岳池、武胜、合川、渠县、大竹、邻水等县大肆抓捕中共党员、游击队员和革命群众。设在岳池的"华鏊山清剿指挥所"，不到半月，便从各地抓了100多人。敌人认为的"共党首要分子"或"重要嫌疑分子"，便被押送重庆渣滓洞监禁，其余人等便送到重庆绥靖公署设在合川的"青年教导训练营"进行"感化"。

左绍英，中共党员，王璞的妻子，担任川东临委的交通联络工作。华鏊山起义前夕，从重庆百子巷150号迁移到广安城北拱桥院子，不久又从广安回到合川老家。1948年10月，被特务跟踪，在合川滩子乡被捕，关押在中美合作所监狱。特务头子徐远举亲自审问，诱骗她说出丈夫王璞的下落，就放她出去生孩子。左绍英宁肯牺牲自己和孩子，也绝不说出丈夫的下落。敌人对她施刑，她仍坚定地表示："我是家庭妇女，丈夫在外面做的事，我什么都不知道。莫说受刑，就是马上杀了我，我也不知道丈夫王璞在哪里。"入狱后一个月，她生了一个女孩。孩子一出世，就被敌人上了户口"401"，关在牢中。难友们称这个女婴为"监狱之花"。重庆临解放的前两天，"11·27"大屠杀中，左绍英和不满周岁的女儿，双双被敌人枪杀。

岳池中共党员邓惠中，丈夫是邓福潆，1937年奔赴延安，她受丈夫的影响，1938年加入了中国共产党。1947年，儿子邓诚也参加了党组织。岳池伏龙起义前，积极为武装起义奔忙。武装起义后，全家遭敌人抓捕，关押在岳池监狱。县长肖毅安亲自审问她："一个女流之辈，为何要去参加共产党？共产党给了你什么好处？"邓惠中厉声回答："国民党统治了20多年，给人民办了哪件好事？不推翻国民党，妇女永远得不到解放！"岳池县特委会秘书曹弗之，见县长都劝降不成，将她儿女押来，恶狠狠地说："再不说出组织和同党，我就宰了他们！"邓惠中说："杀了他们，你们也得不到任何东西。"不久，敌人将邓惠中和邓诚押往重庆中美合作所监狱，将小儿子邓叶甲、小女儿邓叶芸押送到合川"感训所"关押。邓惠中、邓诚母子在"11·27"大屠杀中遇难。

刘石泉在水洞湾战斗后，到重庆负责安排、转移干部。后因叛徒告密而被捕，关押在渣滓洞楼下8室。他用罐头皮将楼板缝捅破，从楼板缝递纸条，通消息，秘密串联，发动难友在狱中春节联欢，又发动难友为新四军龙光章烈士开追悼会，展开绝食斗争，都取得了胜利，"11·27"大屠杀时，英勇牺牲。

第四支队中队长楼阅强，从三元寨撤退下来，与前队失去联系，行至岳池红安桥时，敌哨见他浑身污泥，怀疑他是游击队员，将其扣押，送往岳池县特委会。审讯人员了解到楼阅强的姐夫是广安三青团干事长夏永泽后，请他来劝降。夏永泽说："你是中央政治大学的高才生，凭你的能力和才智，当个县长也绰绰有余，为何去追随共产党？"楼阅强回答："人各有志，用不着你来关心！"夏永泽又劝道："只要你悔过自新，即可恢复自由，以后前程无量。"楼阅强横眉怒斥："我为革命献身，虽死无憾！你要我上你们那只即将沉没的破船，万不可能！"

艾文宣参加三元寨战斗后，护送蔡衣渠下山治病，回到家中后被捕，被押送到重庆中美合作所，在狱中受尽各种酷刑，仍毫不动摇。为了帮助难友学习，他在狱中开设"历史讲座"，用渊博的知识把中国历史演变讲得十分清楚，从中穿插一些生动的小典故，启发大家坚持斗争。他还撰写对联和诗词，鼓舞同志，鞭挞敌人。一位难友30岁生日，他书联致贺："为民主而坐牢，九个月中毫无怨言；恨独裁才革命，三十年来视死如归。"下川东武装起义的老同志彭如松，在狱中备受折磨而死，他悲愤地送了挽联："六十高龄领导群众，川东撑义纛；数百难友窒息魔窟，巴山哭英灵。"这些充满革命英雄主义的诗句，极大地鼓舞了革命者的斗志。

共产党员刘大本，公开身份是岳池县回龙乡乡长。当起义队伍三、四支队到达三元寨时，他立刻组织人力送去粮食800余斤、长短枪10多支支持起义部队。三元寨战斗打响后，因叛徒出卖，他和儿子刘光祖均被捕入狱。敌人叫特务谢登厚、严勋利用老朋友关系去劝刘大本自首。当严勋说只要你说出参加共产党和暴乱经过，写个"自新书"时，刘大本双目喷火，他一口唾沫吐到严勋脸上。敌人气急败坏，将叛徒陈永福的供词摆在刘大本面前，得意地说："你还赖得了吗?"刘大本一看，知道是陈永福叛变了，他坚定地说："我是共产党，要杀要剐随你们便!"他得知儿子刘光祖也被关在岳池监狱里，便打通看守周某的关系，给儿子带去一张纸条："哀叹不如紧握拳，守口如瓶莫乱言，乃翁为国宁可死，望汝丹心祭灵前!"刘光祖从父亲的诗中吸取了力量，始终坚贞不屈。

在关押期间，曾在刘石泉的领导下，筹划集体越狱，发动各室难友，以罐头皮、楠竹片、陶罐碎片等做武器，将窗柱锯掉大半，准备在条件成熟时扳断木窗冲杀出去。王敏、陈以文、艾文宣、楼阅强、何忠发、丁鹏武、郑继先、谯平安等都进行了越狱准备，哪知大屠杀前夕，敌人以转移为由，突然采取合牢的办法，将难友集中在楼下几个监室，进行机枪和冲锋枪扫射，然后浇汽油纵火，三百多英雄儿女，除付伯雍等八人逃出外，其余全部英勇牺牲……

烈士的身躯和鲜血，铸成共和国闪光的基石

华蓥山起义，是对国民党在其统治区残酷压迫和镇压人民进行的英勇反抗，是人民觉醒的必然。

华蓥山起义是华蓥山人民武装反抗蒋介石独裁的伟大斗争，为伟大的民族解放战争做出了杰出贡献。在这场历时两年多的岁月里，烈士们闪光的名字铸成了中华人民共和国历史的丰碑。烈士永不泯灭的忠魂，永远萦

绕在华蓥山巅，萦绕在四川，萦绕在祖国人民的心中……

这场斗争，震惊了蒋家王朝，牵制了国民党扩大内战的正规军兵力，有力地配合了人民解放军正面战场的胜利进军，最终迎来了川东、川北，整个四川，整个西南的解放，具有不可磨灭的历史功绩。在这场起义斗争中，一大批革命青年从城市来到华蓥山区广大农村，领导穷苦的老百姓拿起武器走向武装反抗国民党蒋介石政府的战场。有多少共产党员不惜倾家荡产，为党提供活动经费，卖掉原本是巨富家庭的财产，购买武器和弹药、粮食和给养；有多少共产党员抛妻别子，冒着生命危险，奔波在为人民求幸福的路上，宁愿牺牲个人的一切，献身革命事业……

在国民党特务横行，四处抓捕共产党员和革命群众，在广大共产党员和革命群众的生命受到严重威胁的重要关头，王璞毅然领导和发动了华蓥山起义。在敌人大军"围剿"、镇压华蓥山起义战士时，方显出杰出的军事指挥能力，在黄花岭一战，打死南充警察局长，突围三元寨的优秀指挥员，在木瓜寨不幸中弹牺牲。王璞是我党的优秀党员，也是一位优秀的领导人。他在重庆前后八年里，直接领导重庆和川东地下党工作长达七年，经历了抗日战争、解放战争两个历史时期，特别是解放战争这个风云突变的重要时期。他受命于危难之际，置身于国民党的巢穴之中，在那特务如毛的白色恐怖日子里，他肩负重任，呕心沥血，为川东地下党开创了伟大的业绩。在国民党反动派消极抗日，积极反共，掀起三次反共高潮时，他执行党中央"隐蔽精干，长期埋伏，积蓄力量，以待时机"的方针，巩固了党的组织，保存了党的力量。他在重庆百子巷150号以家的形式，建立党的机关，和左绍英同志一起以做生意为掩护，六年没有暴露，领导北碚、合川、铜梁、邻水等地党组织，为党保存了骨干力量。抗战胜利后，领导民主运动，恢复和发展了党的组织，壮大了党员队伍。

1946年至1947年初，他配合省委和《新华日报》的同志，组织推动了重庆学生反对美蒋的抗暴运动。1947年2月28日，省委机关和新华日报社遭到国民党宪兵的包围关闭，被迫撤回延安后，在地下党与上级的关系突然中断的情况下，一面独立坚持工作，一面寻找上级领导，终于与上海局钱瑛同志取得联系，并成立了中共川东临工委，担任书记，受命清理地下党组织。王璞与委员肖泽宽、彭咏梧等同志积极工作，只用了三个月时间就恢复了川东党的统一领导，并在广安、合川、岳池、武胜、渠县、大竹、达县等多个地方重建了地工委、县工委和特别支部，同时培养了大量的积极分子，领导了重庆的学生运动、工人运动、商人运动……为川东党的发展奠定了基础，也为华蓥山起义准备了干部力量。

在这场起义斗争中，一大批革命青年从城市来到华蓥山区广大农村，领导农民拿起武器走向武装反抗国民党蒋介石的战场。有多少共产党员不惜倾家荡产，为党提供活动经费，有多少共产党员抛妻别子为革命，冒着生命危险，奔波在为人民求幸福的路上，宁愿放弃个人志趣及一切，献身革命事业；在战场上，有无数的像杨奚勤那样，为了崇高的理想，放弃优裕的生活，离别新婚才五天的美丽妻子，昂然走向战场，冲锋在前，奋不顾身，身先士卒，英勇牺牲的战士；有在敌人面前，怒目圆睁，被敌人残忍地砍断脚筋、严刑拷打也不屈服，英勇献身的蒋马刀（蒋登银）；有为了掩护战友，宁愿牺牲自己，面对群敌，饮弹自尽的陈尧楷、王兆南、袁昌绪、谢之登；有在罗广文部队"清乡"时，带领武工队员英勇抵抗，顽强战死的欧君良、胡礼学、欧君臣、欧东林、欧百年、吴正武等英雄战士；有在罗广文"清乡"时被捕，宁死不屈，被敌人杀害的张碧华、徐永志、徐永培、徐相应、贾子荣、张永福、夏绍虞、朱汉金、林大寿、熊吉轩、张吉、包树林等；有在战场上突围而英勇牺牲的张德沛、杨玉枢、向道合、张伦；有因当地反动保长告密而被捕，被敌人杀害的刘光荣、杨世银；有在战场上身负重伤，被敌人抓住杀害的陈次亨；有参加伏龙起义，任七支队一中队队长，在水洞湾、十二洞桥等地威震敌胆，撤到重庆后被特务抓捕，后又被敌人认出暴露身份，而被敌人杀害的秦耀；有在黄花岭不幸中弹牺牲的符月清；有在合川十二洞桥战斗中不幸中弹牺牲的高树云；有在合川金子起义后，转战岳池、武胜、三元寨战斗后在岳池三元桥被捕牺牲的陈金山、陈百川；有参加伏龙起义后，转移到重庆，后又回岳池齐福乡队副抓捕，在押往岳池途中被敌人杀害的严泽民；有以乡长身份掩护党的地下活动，以粮食和武器支援三元寨起义而被敌人杀害的刘大本、屈映；有在罗广文部"清乡"时身受重伤，被敌人抓捕后，在邻水柑子铺被杀害的贺天绪、游二毛；有参加合川金子起义，8 月 31 日在黄花岭战斗中壮烈牺牲的戈树藩；有参加石盘起义，在三元寨突围后，在木瓜寨黑夜撤退时，不幸登岩牺牲的刘尚轩；有参加龙潭起义担任独立分队队长的邹经儒；有被国民党华蓥山"清剿"指挥官彭斌在 1948 年 9 月 29 日枪杀于渠县南门外会仙桥的三汇中队三分队队长陈明昌、肖平安；有准备发动骆市武装起义，因被特务发觉而被捕，于 1948 年 9 月被杀害的营山县地下党员朱兴成、张庆枢、杨积超。罗广文部在大竹"清剿"华蓥山游击队时，刘继清和陈尧楷、刘尧明被围困在张家场铁厂沟。陈尧楷把敌人吸引到自己这边后，刘继清和刘尧明转移到孙家大沟。一个漆黑的雨夜，刘继清派刘尧明去搞点粮食和打探山下的消息。刘尧明去他干爹刘青堂家，刚脱下水淋淋的衣服，却不料刘青堂突然拿走了他的双枪，并把他押到敌人罗广文的突击三营。刘尧明在敌人的酷刑和屠刀下叛变，供出了刘继清藏身的地方，敌人派兵包围了孙家大沟，刘继清弹尽被捕，被罗广文军杀害在大竹县城。1949 年 7 月 16 日被杀害于大竹县城的还有中共文星乡特支委员黄世泽、李阳富、王代甲，敌人杀害的还有中共党员熊吉轩等。军阀杨森，连亲侄女共产党员杨汉秀都不放过，竟叫特务将杨汉秀杀害在重庆渝汉路的金刚坡。

在华蓥山起义前和起义后，被敌人抓捕后送往重庆中美合作所渣滓洞监狱，在重庆解放前夕被敌人杀害的中共党员干部还有刘石泉、王敏、蒋可然、陈以文、彭立人、周志歌、楼阅强、杨汉秀（女）、丰炜光、周殖藩、唐征久、艾文宣、何忠发、朱麟、吴奉贵、马正衡、丁鹏武、邓惠中（女）、邓诚母子、张远志、张泽浩、曹文翰、李建民、左国政、彭灿碧、沈君实、潘仲轩、邵全安、陈子金、李仲弦、陈少伯、段定陶、夏惠禄、陈用舒、谯平安、张书吉、邓华朗、郑继先、唐建余、唐玉坤、张鹏程、杨光沛、杨子龙、唐文渊、黄宁康、王屏、付绍裔、屈茂修、李犹龙、李怀普、李宗炳、胡小咸、李维邦、李维田、杨积超、胡砚丰、周尚文、张文端、邓兴丰、杨泉新、王有余、邓致久、黎功顺、胡芳玉（女）、文学海、左绍英（女）等。1949 年 11 月 27 日，国民党反动派在重庆中美合作所渣滓洞监狱用机枪抵近开枪，然后放火焚烧渣滓洞监狱，制造了震惊全国的大屠杀……

33

英雄魂归何处，丰碑铸永恒

1948 年十二月初四，桂花场是个逢集的日子。桂花场街上到处贴着布告："捉拿'共匪'向杰栋、王兆南……"大批军警在街上游弋，白色恐怖笼罩着这座华蓥山麓的小镇……

何克宽在街上走着走着，一个人扯住了他的衣服问他："买枪不?"何克宽一怔，站住了。他看了看这人，猴头，尖脑，一个乡下人打扮。何克宽好奇，便说："枪我不懂，你把枪拿来，我找个人看看，是真货就买。"何克宽是向杰栋的妹夫，他把枪拿给向杰栋看时，向杰栋震惊了，这不是杨司令员的手枪吗? 看到枪号，向杰栋才知道杨玉枢已经牺牲了。便对何克宽说："这支枪，他无论要多少钱，你都要买下来，但你一定要记住卖枪人的名字和住处!" 1949 年 12 月 10 日，广安刚解放，向杰栋立即从重庆忠县返回广安，把杀害杨玉枢的凶手和倒卖杨玉枢手枪一事告诉新成立的广安县委。县委非常重视，立即将凶手缉拿归案。凶犯匡荣堂等七人供认不讳，并指认了杀害杨玉枢的漩洞。1950年2月，找回了杨玉枢的遗骸。县委、县政府在广安县政协礼堂为杨玉枢举行了隆重的追悼大会，最后将杨玉枢葬在南园烈士墓地，供后人瞻仰。

王璞，原名孙仁，曾化名王慕斋、汪慕斋、石夷、石果，湖南湘乡县人。1917年2月8日生，1937年冬在湖南加入中国共产党。曾任中共韶山特支书记，中共韶山区委书记、中共湘乡县委委员、中共湘宁中心县委常委、组织部长。1939年来四川，先在西康省从事地下工作，1941年转调中共川东特委工作。

1946年4月，重庆成立公开的中共四川省委，同时建立秘密的中共重庆市委，王璞任市委书记，兼管上、下川东农村工作。1947年10月，他去上海向分管四川工作的钱瑛汇报川东工作后，钱瑛决定成立中共川东临时工作委员会，王璞任书记。他回川后积极领导上川东、下川东、重庆及川南部分地区党的工作。为了发动华蓥山区武装斗争，跋山涉水，废寝忘食地奔走于大竹、邻水、达县、岳池、广安、武胜、合川等地进行考察、视察。1948年4月，中共重庆市委书记刘国定、副书记冉益智被捕叛变，引起下川东大批干部被捕。7月4日，重庆特务到广安逮捕了中共上川东地工委委员骆安靖，情势十分危急。王璞于7月中旬，召开了第七、八工委负责人紧急会议，决定提前发动华蓥山联合起义。

8月12日，广安代市、观阁起义，8月17日，武胜三溪起义，8月18日，岳池伏龙起义，8月25日，他亲自领导了合川金子、武胜石盘起义，带领三、四两个支队，转战合川、武胜、岳池，同前来"围剿"的国民党军、警、民团浴血奋战达半月之久。在岳池黄花岭一仗，打死南充警察局长林廷杰，震惊了国民党南京政府。9月7日，他率领队伍在武胜县石盘乡木瓜寨研究敌情时，因一个队员手枪走火，不幸中弹牺牲。游击队撤走后，敌人将他的头割下，挂在石盘乡一棵树上示众。事后，当地农民将王璞的遗体就地掩埋。1957 年，中共重庆市委和中共武胜县委将王璞遗骨移葬于武胜县烈士陵园。

杨奚勤，原名杨拯中，四川岳池普安乡人。1919 年 5 月生，1938 年在岳池中学读书时加入中国共产党。1942 年 3 月考入北碚朝阳学院，后转入北碚复旦大学。他刻苦钻研马列主义政治经济学，并与同校党员陈以文、杜子东、李吉光等创办《中国学生导报》，宣传革命思想，同时与同校三青团做斗争。

1946 年 8 月，杨奚勤在复旦大学毕业后，回乡担任私立尚用中学校长职务，并以此为掩护建立了中共尚用中学特支，并担任特支书记。1948 年 2 月，杨奚勤任中共上川东第七工委委员，多次陪同中共川东临委书记王璞视察武装起义准备工作。7 月中旬，他刚结婚五天，就遵照中共川东临委指示，只身前往广安、渠县等地，传达中共川东临委罗渡紧急会议的指示，并参加了广安代市起义。随后返回岳池县伏龙乡，领导七支队的武装起义，担任七支队政委。8 月 28 日，在武胜水洞湾与重庆"内二警"激战，在战斗中英勇牺牲。

解放后，中共武胜县委和县人民政府，将杨奚勤的遗骸移至沿口东山烈士陵园，立碑供后人瞻仰。

华蓥山起义是解放战争时期，中共川东临委遭到国民党特务严重破坏的危急时刻，奋起反抗国民党政府，拖住国民党在四川的军队，配合人民解放军正面战场胜利进军的重要斗争。这场武装斗争历时两年多，尽管时间不长，起义几经挫折，最终未能在华蓥山建立起武装根据地，被国民党反动政府以超过起义队伍数十倍的兵力镇压下去了，但其历史功绩是不容低估的。遗憾的是，在这场伟大斗争中牺牲的数百名英烈，大都草草掩埋，没有得到应有的敬仰，个别烈士连个烈士墓碑都没有。

朋友，当你坐在电视机前享受网络时代带来的高端文明的时候，当你早上坐着地铁或自驾轿车去上班的时候；当你和你的爱人在沙滩上散步的时候，你是否意识到这种幸福来得是多么的不容易！有多少和你们一样年华的前辈，他们在被敌人严刑拷打的时候，为了今天的幸福，坚贞不屈，而被敌人杀害，他们高喊着"共产党万岁"的口号，走上刑场，倒在了血泊中，他们用生命筑起了中华人民共和国的长城，用鲜血染红了新中国的国旗！烈士的身躯和鲜血浇灌的华蓥山，树更青、草更绿、山更美。

让我们仰望华蓥山，向英雄的灵魂致敬！

在社会主义的中国，大厦林立，人民生活多姿多彩，你是否感觉到这种幸福的生活的背后，每一座社会主义大厦的基石都是由无数革命者的骸骨和血肉铺设的：朋友，珍惜吧！珍惜我们今天的幸福，是对烈士们最好的祭奠！

后　记

　　《华蓥魂》是在我脑海里酝酿多年的记忆。四十多年前，我走访了当年参加过华蓥山起义、还健在的老共产党员和当年参加过华蓥山起义的游击队战士，亲自踏探过当年游击队活动过的地区和访问过烈士的家属，整理过还活着的、最有发言权的当事人的叙述。点点滴滴记录了当年华蓥山起义及坚持战斗在华蓥山的游击队英雄故事。同时，在编写《华蓥魂》时，参考了岳池党史办、武胜党史办、广安党史办、大竹党史办、邻水党史办以及合川党史办编写的党史资料以及珍贵的历史记录。

　　同时参考了《重庆党史研究资料》、南充地区党史资料丛书《华蓥山游击队》以及武胜中共党史研究会刘邦成、郭全、刁锡甫编写的《川东武装斗争》，任尚贤、刘邦成、郭全、蒋芝全编写的《华蓥山武装斗争史》，四川省党史工作委员会编写的党史研究丛书《四川革命烈士传》等。在此一并表示感谢！

　　我在采访过程中，深深感到，中华人民共和国的成立，是无数优秀的中共党员和革命群众用生命和鲜血换来的。华蓥山起义仅仅是国民党统治区人民革命的一个缩影。在那个历史时期，有无数个国统区的人民民主革命，在中国共产党的领导下，配合人民解放军正面战场战斗，共同组成了推翻蒋介石反动政权的强大力量。

华蓥山起义让我感慨，手无寸铁的老百姓，历来被统治者压在最底层，统治者掌握着政权、军队、监狱和舆论工具。他们可以随时动用国家机器，镇压人民的反抗。要推翻以蒋介石为首的国民党反动政府是多么困难！

中国共产党经历了共产主义思想的传播，建党，斗争，唤起民众，建立军队和革命根据地，长征；在外敌入侵时，冒着被"剿杀"的危险，唤起人民抗战；日本投降后，和平建国希望破灭，最后通过民主斗争，以战争解决战争。中国共产党和革命群众前赴后继，不怕流血牺牲，最后终于赢得了解放，成立了新中国！

新中国来之不易，是无数的先烈用生命和热血铸就了中华人民共和国的大厦！可以说，没有中国共产党的领导，没有无数优秀共产党人的流血牺牲，就没有新中国！

本书是在当代四川史编委会的鼎力支持下完成的，在成书过程中，得到了四川省社科院原院长侯水平研究员的大力支持和帮助；广安市委党史研究室对本书提出了史实方面的意见和建议；省委党校宋健教授对本书提出了宝贵的修改意见；四川人民出版社谢雪、邓泽玲以及社科院何祖伟等同志对本书投入了大量的精力，使本书得以顺利出版，在此，本人一并表示衷心的感谢！

由于本人水平所限，错漏在所难免，敬请读者指正。

何耀中

2021 年 3 月 20 日

2022 年 8 月 8 日修改